Much to do, more to see

Hi!

Wat goed dat je onze stedengids hebt gekocht, want Time to Momo maakt je stedentrip écht veel leuker! Met deze gids op zak loop je regelrecht naar de leukste wijken en hotspots van de stad.

Paris is always a good idea, wordt vaak geroepen. Wij vinden eigenlijk dat dit voor heel Frankrijk geldt. Staan Lille, Lyon en Marseille bijvoorbeeld al op je stedentrip-radar? In deze steden zal het door de Olympische Spelen van 2024 nog drukker dan normaal zijn, maar met deze cadeaugids en de website van Time to Momo sla je de drukke dertien-in-een-dozijn-straten over. Zo wandel je, terwijl je onderweg een bezienswaardigheid meepikt, op je gemak naar die toffe restaurants, cafés en shops waar de locals zelf ook graag komen.

Ben je op zoek naar meer inspiratie? Alle vier de steden in deze gids hebben ook een 'eigen' Time to Momo-gids met daarin nog meer verrassende routes. Waar wacht je nog op? *Allez-y!*

Heel veel plezier!

team Time to Momo

W0391273

TIJD VOOR JOUW STEDENTRIP

P.S. KIJK OOK EENS OP **TIMETOMOMO.COM** VOOR NOG MEER TIPS EN BLOGS VAN ONZE LOCALS EN VOLG ONS OP Facebook EN Instagram.
LAAT ONS MEEGENIETEN VAN JOUW STEDENTRIP VIA **#TIMETOMOMO**

PARIJS

BRUISEND & ROMANTISCH

HIGHLIGHTS

ROOFTOPBAR LE PERCHOIR MARAIS + BEROEMDE KUNST IN MUSÉE D'ORSAY + PICKNICK IN HET PARC DES BUTTES-CHAUMONT + L'OPÉRA GARNIER + BRUNCH BIJ CAFÉ DU MARCHÉ DES ENFANTS ROUGES

DE STAD

Parijs is de stad van prachtige avenues, wereldberoemde bezienswaardigheden en natuurlijk *la vie Parisienne*. Locals beginnen hun dag met een goede kop koffie en een croissant, die ze staand aan de bar of op het terras nuttigen. Tussen de middag stromen de restaurants vol met zakenlieden voor een driegangenlunch. Aan het einde van de dag strijk je neer voor een goed glas wijn en een uitgebreid diner; dat kan in Parijs namelijk overal.

In de wijken **Champs-Élysées**, **Madeleine** en **Place Vendôme** ervaar je het Parijs dat je kent uit de films en shop je bij exclusieve boetieks. In **Le Marais** en **Les Halles** zijn museumliefhebbers makkelijk een hele dag of zelfs een paar dagen zoet; zo vind je hier onder andere het **Centre Pompidou**, het **Musée Picasso** en het fotografiemuseum **MEP**. **Montmartre** is de kunstenaarswijk, met bruisende markten, hippe cocktailbars en de **Sacré-Coeur**.

Parijs is doorgaans erg drukbezocht, maar er zijn gelukkig ook meer dan genoeg toffe plekken waar je de massa kunt ontwijken. In het **Parc des Buttes-Chaumont**, in de wijk **Belleville**, relax je tussen de creatievelingen en studenten. **Montparnasse** heeft een urban karakter en bruist de hele dag door dankzij de vele clubs, concertzalen en cafés.

Kortom: de Franse hoofdstad heeft voor iedereen wat wils. Zoek je een stad die aan ál je wensen voor een stedentrip voldoet, dan staat Parijs hoog bovenaan.

LUDOVICUS MAGNUS

ROUTE 1

EIFFELTOREN, INVALIDES & CHAMPS-ÉLYSÉES

OVER DE ROUTE

Deze lange wandeling is vooral interessant bij mooi weer. Je kunt de route in beide richtingen lopen. Het stuk vanaf de Eiffeltoren over Les Berges de la Seine tot aan Rue du Bac zou met de fiets kunnen. Vanaf Concorde tot aan de Arc de Triomphe kun je ook fietsen over de Champs-Élysées, want dit is een lange weg. Stop dan wel met fietsen vóór de rotonde van de Arc de Triomphe. Als je dit stuk niet wilt wandelen, kun je metrolijn 1 nemen.

DE WIJKEN

Parijs heeft veel imposante en historische bouwwerken. Louis XIV gaf Parijs het klassieke karakter, met renaissance-invloeden. In de 17e eeuw liet hij **Les Invalides** bouwen, waar zijn geblesseerde officieren en soldaten verzorgd konden worden. Napoleon introduceerde de *style Napoleon* in Parijs, ook wel *empire* genoemd, gebaseerd op de Oud-Egyptische en Romeinse bouwstijl. Hij liet de **Arc de Triomphe** bouwen. Tijdens het tweede keizerrijk van 1852 tot 1870, onder Napoleon III, werden de klassieke boulevards en avenues aangelegd.

De **Avenue des Champs-Élysées**, die de Place Charles de Gaulle met daarop de Arc de Triomphe verbindt met de **Place de la Concorde**, bestaat al sinds de 17e eeuw. Toen was het niets meer dan een lange weg, in een stadsdeel waar weinig te beleven viel. In 1828 liet de stad Parijs er de eerste trottoirs aanleggen. Tegenwoordig is de Champs-Élysées bekend vanwege de shopmogelijkheden. Alle bekende winkelketens hebben hier filialen en de openingstijden zijn royaal. Ook zitten hier veel grote bioscopen.

Eind 19e eeuw begonnen Franse architecten materialen als ijzer en glas te gebruiken. Ter gelegenheid van de wereldtentoonstellingen werden de **Eiffeltoren**, **Le Grand Palais**, **Le Petit Palais** en de **Pont Alexandre III** gebouwd.

De gemeente Parijs wil de stad zo aangenaam mogelijk maken voor de inwoners. Zo is sinds 2013 de weg aan de linkeroever van de Seine, tussen de Eiffeltoren en het **Musée d'Orsay**, autovrij en opengesteld als recreatiegebied. Zo ontstond **Les Berges de la Seine**. Elke zomer, tijdens het festival Paris Plage, komt er nog een stuk oever bij voor wandelaars, fietsers en skaters: dan wordt een langer stuk langs de Seine autovrij.

WEINIG TIJD? DIT ZIJN DE HOOGTEPUNTEN:
EIFFELTOREN + PALAIS DE TOKYO + MUSÉE RODIN + MUSÉE D'ORSAY + CHAMPS-ÉLYSÉES

TIPS
// Zeker doen als je voor het eerst in Parijs bent
// Deels per fiets af te leggen
// Route langs belangrijke bezienswaardigheden

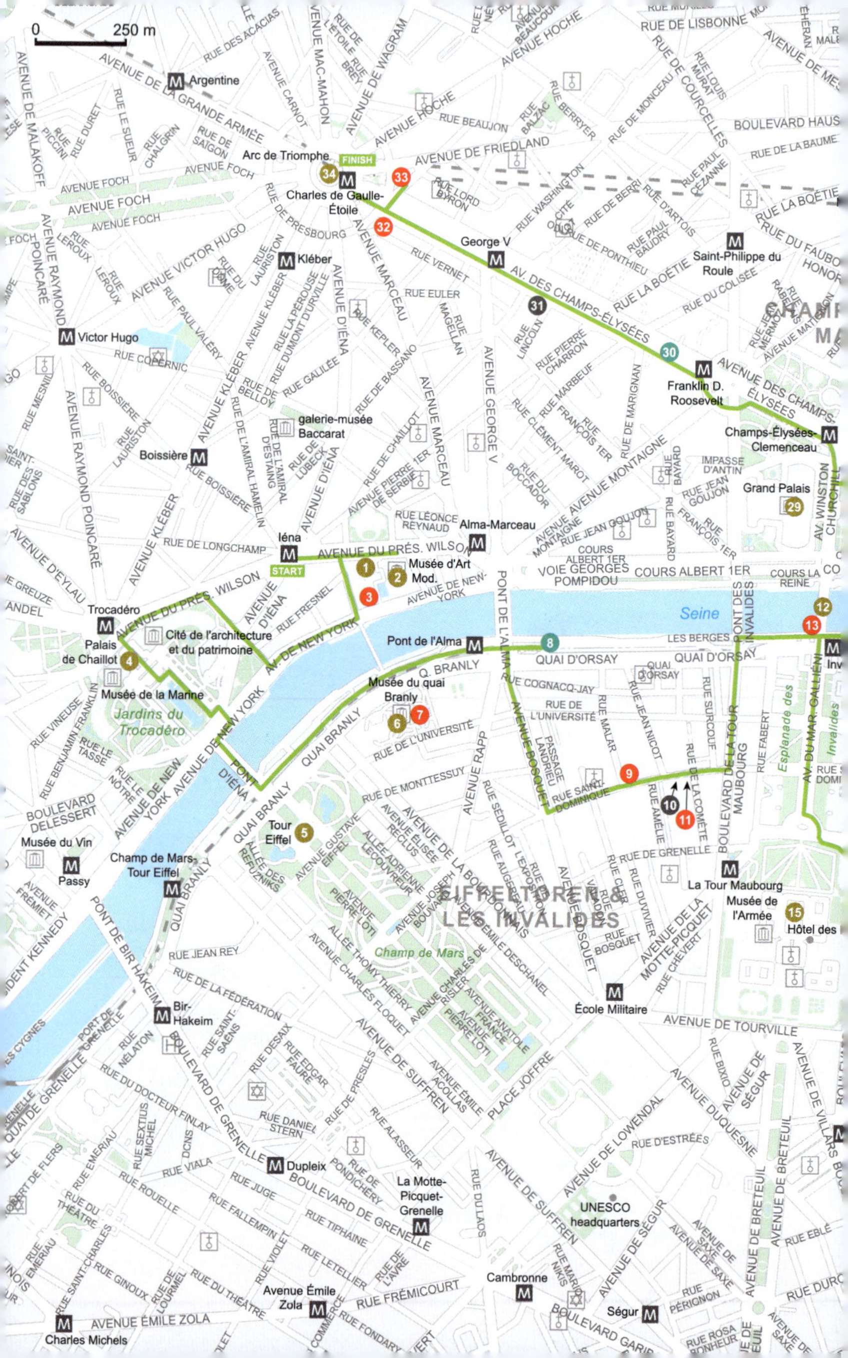
0 250 m
Argentine
Arc de Triomphe
FINISH
Charles de Gaulle-Étoile
George V
Kléber
Saint-Philippe du Roule
Victor Hugo
CHAMPS
Franklin D. Roosevelt
Champs-Élysées-Clemenceau
galerie-musée Baccarat
Boissière
Grand Palais
Iéna
START
Alma-Marceau
Musée d'Art Mod.
Trocadéro
Palais de Chaillot
Cité de l'architecture et du patrimoine
Seine
Pont de l'Alma
Musée du quai Branly
Musée de la Marine
Jardins du Trocadéro
Tour Eiffel
Musée du Vin
Passy
Champ de Mars-Tour Eiffel
EIFFELTOREN & LES INVALIDES
La Tour Maubourg
Musée de l'Armée
Hôtel des
Champ de Mars
École Militaire
Bir-Hakeim
Dupleix
La Motte-Picquet-Grenelle
UNESCO headquarters
Cambronne
Avenue Émile Zola
Ségur
Charles Michels
Esplanade des Invalides
AVENUE DE LA GRANDE ARMÉE
AVENUE FOCH
AVENUE DES CHAMPS-ÉLYSÉES
AV. DES CHAMPS-ÉLYSÉES
AVENUE MARCEAU
AVENUE D'IÉNA
AVENUE KLÉBER
AVENUE VICTOR HUGO
AVENUE GEORGE V
AVENUE MONTAIGNE
AVENUE DU PRÉS. WILSON
AVENUE DE NEW YORK
QUAI BRANLY
QUAI D'ORSAY
PONT D'IÉNA
PONT DE L'ALMA
PONT DES INVALIDES
AVENUE BOSQUET
RUE SAINT-DOMINIQUE
RUE DE GRENELLE
BOULEVARD DE LA TOUR MAUBOURG
AVENUE DE SUFFREN
AVENUE DE LA BOURDONNAIS
BOULEVARD DE GRENELLE
AVENUE DE TOURVILLE
AVENUE DE LOWENDAL
AVENUE DE SÉGUR
AVENUE DUQUESNE
AVENUE DE BRETEUIL
AVENUE ÉMILE ZOLA
PLACE JOFFRE
COURS ALBERT 1ER
VOIE GEORGES POMPIDOU
AVENUE RAYMOND POINCARÉ
AVENUE D'EYLAU
AVENUE DE MALAKOFF
AVENUE HOCHE
AVENUE DE FRIEDLAND
AVENUE DE WAGRAM
AVENUE MAC-MAHON
RUE DE LISBONNE
BOULEVARD HAUSSMANN
RUE LA BOÉTIE
RUE DE COURCELLES
AV. WINSTON CHURCHILL
AV. DU MAR. GALLIÉNI
PONT DE BIR HAKEIM
QUAI DE GRENELLE

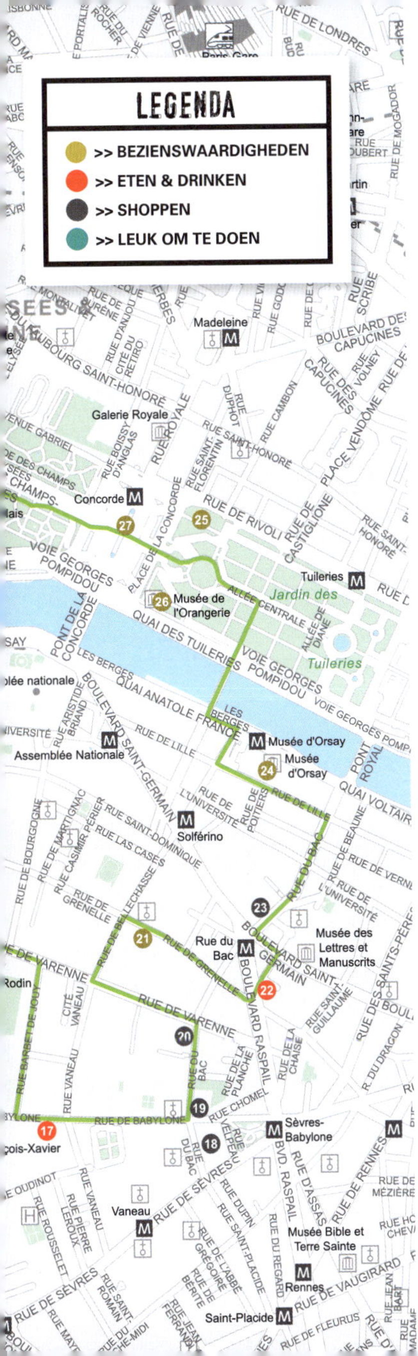

EIFFELTOREN, INVALIDES & CHAMPS-ÉLYSÉES

1. Palais de Tokyo
2. Musée d'Art Moderne
3. Monsieur Bleu
4. Palais de Chaillot
5. Eiffeltoren
6. Musée du Quai Branly
7. Les Ombres
8. Les Berges de la Seine
9. Le Malabar
10. Ba&sh
11. Brasserie Thoumieux
12. Pont Alexandre III
13. Faust
14. Rosa Bonheur sur Seine
15. Les Invalides
16. Musée Rodin
17. Coutume Café
18. Le Bon Marché Rive Gauche
19. Conran Shop
20. Oh My Cream!
21. Hôtel d'Avaray
22. Noir
23. Deyrolle
24. Musée d'Orsay
25. Jeu de Paume
26. Musée de l'Orangerie
27. Place de la Concorde
28. Le Petit Palais
29. Le Grand Palais
30. Champs-Élysées
31. Ladurée
32. Le Drugstore
33. Le Chiberta
34. Arc de Triomphe

ROUTEBESCHRIJVING 1 (ca. 12,5 km)

Doe deze wandeling pas na 12.00 uur 's middags. Eerder zijn de musea die je aan het begin passeert niet open. Ga vanuit metro Iéna richting Palais de Tokyo 1 2 en reserveer voor vanavond een tafel bij een chic restaurant 3. Ga via Rue de la Manutention rechts Avenue New York op. Sla rechtsaf omhoog richting Place du Trocadéro, waar het Palais de Chaillot gevestigd is 4. Loop hier sowieso even naar binnen voor een prachtig uitzicht op de Eiffeltoren. Loop door het park naar beneden, de brug over, richting de Eiffeltoren 5. Op de Quai Branly kun je een museum bezoeken 6 7. Als je de trap afloopt naar de Seine, kom je op een nieuw stuk wandel- en fietsgebied, waar vroeger auto's reden 8. Sla rechtsaf op Avenue Bosquet en ga de derde straat links op Rue Saint-Dominique voor een leuk buurtcafé 9 of typisch Franse winkels 10. Hier vind je ook een leuke brasserie met allure 11. Ga links op Boulevard de la Tour. Loop tot aan de Seine en ga rechtsaf. Loop door tot aan de Pont Alexandre III 12. Hier kun je wat drinken 13 of tapas eten op een boot 14. Neem weer een trap naar boven en loop via de Avenue du Marechal Gallieni tot aan Les Invalides 15. Ga voor het gebouw linksaf en dan rechts Boulevard des Invalides in. Neem de eerste straat links. Na het Musée Rodin 16 neem je de eerste straat rechts, Rue Barbet de Jouy. Deze loop je uit tot aan Rue de Babylone. Ga hier links voor een lunch of koffie 17. Loop verder tot aan Rue du Bac. Rechts vind je een luxe warenhuis 18. Ga links Rue du Bac in voor de Conran Shop 19 of een beauty conceptstore 20. Ga linksaf Rue de Varenne in, neem de eerste rechts, Rue de Bellechasse, en daarna weer de eerste rechts, Rue de Grenelle. Loop langs de Nederlandse ambassadeurswoning 21 tot aan Boulevard Raspail. Loop een paar meter naar links, steek over en ga Rue de Luynes in voor een leuk koffietentje 22. Sla de Boulevard Saint-Germain links in. Loop even binnen bij Deyrolle en kijk je ogen uit 23. Ga verderop links Rue de Lille in naar het Musée d'Orsay 24. Steek hier de Seine over via de Passerelle De Solférino. Loop vervolgens door Jardin des Tuileries naar Place de la Concorde 25 26 27. Loop de Champs-Élysées op. Ga even links 28 29 en keer dan weer terug naar de Champs-Élysées 30 31. Sluit je dag stijlvol af 32 33. Aan het einde van de Champs-Élysées zie je de Arc de Triomphe 34.

Paris by night!

BEZIENSWAARDIGHEDEN

(1) De exposities in de experimentele 21e-eeuwse tentoonstellingsruimte van **Palais de Tokyo** zijn altijd origineel en grensverleggend, met licht- en geluidseffecten en bewegende objecten. De ruimte is immens, dus er kunnen grote objecten worden geplaatst. De exposities verschillen enorm. Toch is het altijd weer een ontdekkingstocht. Ook de museumwinkel is de moeite waard: er zijn unieke boeken en leuke hebbedingetjes te koop. Het restaurant met terras serveert een internationale keuken.

13, avenue du président wilson, 16e arr., palaisdetokyo.com, open ma & wo-zo 12.00-0.00, entree € 12, metro 9 iéna

(2) Het **Musée d'Art Moderne** zit onder hetzelfde dak als het Palais de Tokyo. Het gebouw werd geconstrueerd voor de wereldtentoonstelling van 1937. In dit museum voor moderne kunst vind je een uitgebreide collectie 20e- en 21e-eeuwse kunst die eigendom is van de gemeente Parijs.

11, avenue du président wilson, 16e arr., mam.paris.fr, open di-wo & vr-zo 10.00-18.00, do 10.00-22.00, entree permanente collectie gratis, metro 9 iéna

(4) Het neoklassieke **Palais de Chaillot**, ontworpen door vier architecten, werd gebouwd voor de wereldtentoonstelling van 1937. Tegenwoordig huist hier een museum: La Cité de l'Architecture et du Patrimoine. Als je het museum niet wilt bezoeken, loop Palais de Chaillot dan toch even binnen: achteraan is een terras vanwaar je prachtig uitzicht hebt op de Eiffeltoren.

1, place du trocadéro, 16e arr., citechaillot.fr, open ma, wo & vr-zo 11.00-19.00, do 11.00-21.00, entree € 9, metro 6, 9 trocadéro

(5) De **Eiffeltoren** werd in 1889 gebouwd voor de wereldtentoonstelling in Parijs. Het ontwerp van Gustave Eiffel riep destijds veel weerstand op, maar de 324 meter hoge toren is uitgegroeid tot hét symbool van de stad. Vanaf de derde etage kun je 65 kilometer ver kijken. De rij voor de toren is helaas vaak eindeloos; heel vroeg of laat gaan, kan helpen. Tip: koop je entreebewijs van tevoren online.

champs de mars, 7e arr., toureiffel.paris, open dagelijks 9.30-22.45, entree € 10,50 - € 26,10, metro 6 bir-hakeim

15

5

27

27

⑥ Het in 2006 geopende **Musée du Quai Branly** is gevestigd in een markant gebouw. Dit museum van *les arts lointains* (primitieve kunsten) toont ruim 3500 kunstwerken uit onder meer Afrika en Oceanië. Het gebouw is omgeven door een mooi park met aan de kant van de Seine de *mur végétal* (begroeide muur).
37, quai branly, 7e arr., quaibranly.fr, open di-wo & za-zo 10.30-19.00, do 10.30-22.00, entree € 12, metro 9, iéna, alma-marceau

⑫ Dit is de meest elegante brug van Parijs, niet in de laatste plaats vanwege de prachtige gouden beelden. **Pont Alexandre III** is in twee jaar tijd gebouwd en werd geopend voor de wereldtentoonstelling van 1900.
pont alexandre III, 8e arr., metro 1, 13 champs-élysées-clemenceau, 8, 13 invalides

⑮ In 1670 liet Lodewijk XIV **Les Invalides** bouwen, een onderkomen voor soldaten die gewond waren geraakt in een van zijn talrijke oorlogen. In 1861 vond Napoleon I er zijn laatste rustplaats, in de crypte onder de gouden koepel. Het gebouw herbergt ook het Musée de l'Armée, dat is gewijd aan de geschiedenis van het leger. Wordt er in Frankrijk een nieuwe president aangesteld, dan vuren de kanonnen voor Les Invalides 21 schoten af.
129, rue de grenelle, 7e arr., musee-armee.fr, open ma & wo-zo 10.00-18.00, di 10.00-21.00, entree € 14, binnenplaats gratis, metro 8, 13 invalides

⑯ **Musée Rodin** is gevestigd in het voormalige woonhuis van de beeldhouwer. Behalve Rodins sculpturen en studies bezit het charmante museum ook het werk van Camille Claudel, zijn minnares en model. In de tuin staat een aantal bekende beelden, waaronder *Le Penseur* (De Denker). Het museum en de prachtige tuin zijn onafhankelijk van elkaar te bezoeken.
77, rue de varenne, 7e arr., musee-rodin.fr, open di-zo 10.00-18.30, entree € 13, metro 8, 13 invalides, 13 varenne

㉑ Sinds 1920 is **Hôtel d'Avaray** – te herkennen aan de leeuwen boven de enorme deur – de officiële residentie van de ambassadeurs van het Koninkrijk der Nederlanden. Dit huis heeft dienstgedaan als set voor films als *Intouchables, Les Saveurs du Palais* en *Le Capital.* De prachtige residentie wordt uitsluitend gebruikt voor professionele doeleinden en is dus helaas niet te bezoeken.
85, rue de grenelle, 7e arr., niet open voor publiek, metro 12 rue du bac

(24) **Musée d'Orsay** huist in een 19e-eeuws station dat in 1986 werd gerenoveerd en omgebouwd tot museum. In de imponerende hal hangt nog altijd de enorme stationsklok. Op de brede balkons staan beeldhouwwerken, in de zalen vind je impressionistische schilderijen. Er is een museumcafé en er zijn twee restaurants die zeker de moeite waard zijn (alleen open voor museumbezoekers).
1, rue de la légion d'honneur, 7e arr., musee-orsay.fr, open di-wo & vr-zo 9.30-18.00, do 9.30-21.45, entree € 16, metro 12 solférino

(25) **Jeu de Paume** dankt zijn naam aan het feit dat Lodewijk Napoleon in 1851 tenniste in de hal van het gebouw. Sinds enkele jaren huist hier het **Centre National de la Photographie**, waar je exposities over moderne fotografie kunt bezichtigen.
1, place de la concorde, 8e arr., jeudepaume.org, open di 11.00-21.00, wo-zo 11.00-19.00, entree € 10, metro 1, 8, 12 concorde

(26) **Musée de l'Orangerie** was ooit een serre waar sinaasappels groeiden. De topattractie is *Les Nymphéas* (De Waterlelies), het bekende schilderij van Claude Monet. Ook is de collectie van Walter & Guillaume te bezichtigen, met werken van 20e-eeuwse schilders.
jardin tuileries, 1e arr., musee-orangerie.fr, open ma & wo-zo 9.00-18.00, entree € 12,50, metro 1, 8, 12 concorde

(27) **Place de la Concorde**, het grootste plein van Parijs, was in de Franse Revolutie het toneel van bloederige taferelen, omdat de guillotine er stond opgesteld. Na deze heftige tijd kreeg het plein zijn huidige naam: Plein van de Eendracht. In het midden staat de meer dan drieduizend jaar oude obelisk van Luxor. De Egyptische koning Mohammed Ali schonk die in 1831 aan de Franse koning Louis-Philippe.
place de la concorde, 1e arr., metro 1, 8, 12 concorde

(28) In **Le Petit Palais** huist het Musée des Beaux-Arts de la Ville de Paris. Je kunt hier een grote collectie kunstwerken zien van onder andere de kunstenaars Ingres, Delacroix en Courbet. Het café in de binnentuin is een geheime oase.
avenue winston churchill, 8e arr., petitpalais.paris.fr, open di-zo 10.00-18.00, entree gratis, metro 1, 13 champs-élysées-clemenceau, 1, 8, 12 concorde

* Much to do, more to see

24

(29) **Le Grand Palais** werd met Le Petit Palais en de Pont Alexandre III gebouwd voor de wereldtentoonstelling van 1900. Het is een constructie van steen, staal en glas. Bijzonder indrukwekkend is het enorme glazen dak. In het gebouw vind je onder meer tijdelijke exposities (Galeries Nationales du Grand Palais) en een wetenschapsmuseum (Palais de la Découverte).

3, avenue du général eisenhower, 8e arr, grandpalais.fr, zie website voor tijden en prijzen, metro 1, 13 champs-élysées-clemenceau, 1,9 franklin d roosevelt

(34) Napoleon gaf in 1806, een jaar na de overwinning in Austerlitz, de opdracht om de **Arc de Triomphe** te bouwen. Pas in 1836 werd de triomfboog voltooid. De vier grote reliëfs op het voetstuk van de pilaren gedenken de zege van 1805. In 1921 werd onder de bogen het graf van de onbekende soldaat bijgezet. Hierdoor werd de Arc de Triomphe een herdenkingsplek voor de Eerste Wereldoorlog. Vanaf de top kijk je uit over de Champs-Élysées. De openingstijden zijn afhankelijk van het weer.

place charles de gaulle, 8e arr., paris-arc-de-triomphe.fr, open dagelijks 10.00-22.30, bij slecht weer kunnen andere openingstijden gelden, entree € 13, metro 1, 2, 6 charles de gaulle-étoile

ETEN & DRINKEN

(3) Neem plaats op de begane grond of op het terras en geniet van het prachtige uitzicht op de Seine en de Eiffeltoren. De inrichting van **Monsieur Bleu** is chic, modern en rustig. En voor Parijse begrippen zijn de tafels ruim opgesteld. Het is een hippe plek, met dj's die sfeermuziek draaien tijdens het diner. De tonijnfilet op oosterse wijze is een aanrader.

20, avenue de new york, 16e arr., telefoon +33147209047, monsieurbleu.com, open dagelijks 12.00-2.00, prijs € 35, metro 9 iéna

(7) Op het dak van Musée de Branly ligt het gastronomische restaurant **Les Ombres**, bekend vanwege het geweldige, romantische uitzicht op de Eiffeltoren. Verwacht luxe en lekker eten en kleine porties.

27, quai branly, 7e arr., telefoon +33147536800, lesombres-restaurant.com, open di-zo 19.00-22.30, prijs € 40, metro 9 alma-marceau

⑨ Buurtcafé **Le Malabar** is geliefd bij locals en het is niet moeilijk te begrijpen waarom: frisse drankjes, heerlijk comfortfood, attente service en een goede sfeer. De kaart is modern Frans, ideaal voor een informele lunch of diner.
88, rue saint dominique, 7e arr., telefoon +33145513144, lemalabarparis.com, open dagelijks 8.00-2.00, prijs € 10, metro 8 la tour-maubourg

⑪ **Brasserie Thoumieux** is sinds de *roaring twenties* een van de meest populaire restaurants van de linkeroever van Parijs. De allure van die art-decoperiode is in het interieur bewaard gebleven, maar met een moderne twist. De kaart is klassiek Frans: je eet hier bijvoorbeeld heerlijke esgarcots, *confit de canard* en een éclair met karamel toe. Yum! Zondag wordt er ook brunch geserveerd en elke donderdag-, vrijdag- en zaterdagavond speelt er iemand live piano in het restaurant.
79, rue saint dominique, 7e arr., telefoon +33147057900, brasseriethoumieux.fr, open dagelijks 12.00-14.30 & 19.00-23.00, prijs € 30, metro 8 la tour-maubourg

⑬ **Faust** ligt onder de Pont Alexandre III en biedt drie mogelijkheden: een terras om iets te drinken, een chic restaurant én een disco. Als je verder doorloopt, onder de brug door, vind je nog veel meer terrasjes. Vooral op vrijdagavond in de zomermaanden is het hier enorm gezellig.
pont alexandre III, 7e arr., telefoon +33144186060, faustparis.fr, open restaurant & terras dagelijks 12.00-2.00, club vr-za 23.30-7.00, prijs lunchmenu € 26, metro 1, 13 champs-élysées - clemenceau, 8, 13 invalides

⑭ Na het succes van Rosa Bonheur in Parc des Buttes Chaumont is er nu ook **Rosa Bonheur sur Seine**. De boot, gemaakt van hout en glas, is een restaurant en club in één. Geniet van een pizza uit de steenoven terwijl je de boten op de Seine voorbij ziet komen. In de avond ontpopt de boot zich tot een club. Ook worden er regelmatig concerten en activiteiten georganiseerd.
quai d'orsay, port des invalides, 7e arr., telefoon +33147536692, rosabonheur.fr, open wo-vr 18.00-1.30, za 12.00-1.30, zo 12.00-23.00, prijs € 15, metro 8, 13 invalides

⑰ Voor een speciale koffie, lunch of brunch in het weekend is **Coutume Café** de place to be in deze ambassadewijk. Liefhebbers komen hier exotische koffiesoorten kopen. Op zaterdag en zondag kun je kiezen uit drie soorten brunch:

3

14
Rosa Bonheur
SUR SEINE
POUET

13
FAVST

13
TABOBINE
4 Flashs
2€
4 Photos
4 FLASHS
2€
4 PHOTOS

17

9

9
RUE
SAINT DOMINIQUE
SAUF

een klassieke, een detox veggie of een Sumatraanse. Welke variant je ook kiest, je gaat hoe dan ook met een goedgevulde maag weer naar buiten.
47, rue de babylone, 7e arr., telefoon +33988404799, coutumecafe.com, open ma-vr 8.30-17.30, za-zo 9.00-18.00, prijs lunch € 17, metro 13 saint francois-xavier

(22) Zin in een kopje koffie? Dan moet je naar **Noir**. Dit trendy koffiebarretje serveert heerlijke koffie, gemaakt van lokaal gebrande bonen. De barista's zijn naast professioneel en goed getraind ook erg vriendelijk. Fan van de koffie? Dan kun je via de website ook wat bonen voor thuis bestellen.
9, rue de luynes, 7e arr., telefoon +33780982197, noircoffeeshop.com, open dagelijks 8.00-18.00, prijs espresso € 2,50, metro 12 rue du bac

(32) Restaurant **Le Drugstore** is een toplocatie voor zakenlunches, en de hele bediening is daarop ingesteld. Kom hier voor de snelle, vriendelijke service en het uitstekende eten. Le Drugstore zit in het gebouw van Publicis, een van Frankrijks bekendste bedrijven. De eigenaar van Publicis liet zich voor Le Drugstore inspireren door New York. Het biedt dan ook niet alleen een restaurant, maar ook een apotheek die 24 uur per dag open is, een boekwinkel en een soort supermarkt.
133, avenue des champs-élysées, 8e arr., telefoon +33144437507, publicisdrugstore.com, open ma-vr 8.00-2.00, za-zo 10.00-2.00, prijs € 26, metro 1, 2, 6 charles de gaulle-étoile

(33) Wie wat te vieren heeft, gaat naar **Le Chiberta**. Guy Savoys stijlvolle restaurant is in het bezit van een Michelinster en dat proef je. Je kunt hier genieten van de verfijnde, klassieke Franse keuken. De wijnkaart is uitstekend; de flessen maken hier zelfs een belangrijk deel uit van het decor!
3, rue arsène houssaye, 8e arr., telefoon +33153534200, lechiberta.com, open ma-vr 12.00-14.30 & 19.30-23.00, za 12.00-14.30 & 19.00-23.30, prijs tastingmenu € 120, metro 1, 2, 6 charles de gaulle-étoile

SHOPPEN

⑩ Rue Saint Dominique is de leukste winkelstraat van het 7e arrondissement en **Ba&sh** is een winkel die je niet mag overslaan. Designers van dit merk zijn Barbara en Sharon, twee stijlvolle Parisiennes en beste vriendinnen. Samen ontwerpen ze romantische en vrouwelijke kleding van topkwaliteit, uiteraard met die typisch Franse *je-ne-sais-quoi*-stijl.
81, rue saint dominique, 7e arr., ba-sh.com, open ma-za 10.30-19.30, metro 8 la tour-maubourg

⑱ Het zeer luxueuze warenhuis **Le Bon Marché Rive Gauche** wordt het drukst bezocht door de Parijzenaren zelf. Alle chique en elegante topmerken zijn hier verkrijgbaar. Op een doordeweekse dag kun je er heerlijk rustig en ongestoord rondwandelen. Een tweede warenhuis van Le Bon Marché vind je op nummer 38: La Grande Épicerie de Paris. Dat staat geheel in het teken van de gastronomie. Een absolute must voor iedereen die van koken en lekker eten houdt.
24, rue de sèvres, 7e arr., lebonmarche.com, open ma-za 10.00-19.45, zo 11.00-19.45, épicerie ma-za 8.30-21.00, zo 10.00-20.00, metro 10, 12 sèvres babylone

⑲ Het concept van deze enorme winkel vol design, gadgets en hebbedingetjes voor in huis is overgewaaid uit Londen. In de populaire **Conran Shop** vind je de perfecte mix van designklassiekers en werk van jonge ontwerpers. Altijd leuk om even rond te snuffelen.
117, rue du bac, 7e arr., conranshop.fr, open ma-vr 10.00-19.30, za 10.00-20.00, zo 11.00-19.00, metro 10, 12 sèvres-babylone

⑳ **Oh My Cream!** is een beauty conceptstore. Hier verkopen ze skincare en make-up, allemaal vrij van schadelijke chemicaliën of met biologische ingrediënten. Ontdek nieuwe merken en laat je adviseren over de nieuwste beautytrends. Niet alleen de Parisiennes zijn fan!
104, rue du bac, 7e arr., ohmycream.com, open ma 14.00-19.00, di-za 10.30-19.30, metro 10, 12 sèvres - babylone

㉓ Deze winkel is een belevenis op zich. Krakende vloeren, oude vitrines vol rariteiten, vlinders en schelpen en overal opgezette dieren – je kijkt er je ogen

23
DEYROLLE

20

30

DEYROLLE
DEYROLLE
23

30
156
8e ARR.
AVENUE DES CHAMPS ÉLYSÉES
Cartier

8

30
LADURÉE
LADURÉE

uit. **Deyrolle** produceert bovendien al meer dan honderd jaar prachtige schoolplaten, ook die tref je hier dus in grote aantallen aan.
46, rue du bac, 7e arr., deyrolle.com, open di-za 10.00-19.00, metro 12 rue du bac

(31) Louis Ernest Ladurée opende in 1862 **Ladurée**, een chique bakkerij annex theesalon. Aan het interieur is sindsdien weinig veranderd. De keuze aan lekkernijen is oneindig. Probeer zeker de beroemde macarons, de specialiteit van het huis. Je kunt hier ook erg leuk ontbijten in het restaurant.
75, avenue des champs-élysées, 8e arr., laduree.com, open winkel dagelijks 8.00-21.30, restaurant 8.00-22.30, metro 1 georges v

LEUK OM TE DOEN

(8) De gemeente Parijs heeft deze wegen vrijgemaakt van autoverkeer en opengesteld voor recreatie. Nu slenteren, wandelen, fietsen, skaten en joggen de Parijzenaren naar hartenlust bij **Les Berges de la Seine**. Vooral 's zomers worden er allerlei activiteiten georganiseerd. Ideaal ook om lekker een stuk langs de Seine te wandelen.
tussen pont de l'alma en het louvre langs de seine, metro 9 alma-marceau, 8, 13 invalides

(30) De **Champs-Élysées**, *la plus belle avenue du monde* (de mooiste laan van de wereld), is tegenwoordig een straat waar je oneindig kunt shoppen bij winkels die elders ook te vinden zijn. De zijwegen Avenue Montaigne en Avenue George V bieden onderdak aan de flagshipstores van Dior, Chanel en alle andere grote Franse modenamen.
champs-élysées, 8e arr., metro 1, 13 champs-élysées-clemenceau, 1 georges v, 1, 9 franklin d roosevelt

LILLE

VEELZIJDIG & BOURGONDISCH

HIGHLIGHTS

BOEKENMARKT OP DE VIEILLE BOURSE + ART-DECOZWEMBAD LA PISCINE + HET MONUMENTALE PALAIS DES BEAUX-ARTS + TERRASJE PAKKEN OP DE PLACE DU THÉÂTRE + DE KLEURRIJKE MARCHÉ DE WAZEMMES

DE STAD

Lille is een stad vol contrasten. Wanneer je de trein uit stapt, kom je terecht in een futuristische wereld met hoge wolkenkrabbers en kleurrijke kunstwerken; wandel je een stukje verder, langs architecturale parels uit de 17e eeuw, dan verdwaal je in eeuwenoude geplaveide straatjes.

Vieux-Lille is het historisch en toeristisch hart van de stad, waar je belangrijke bezienswaardigheden als de **Vieille Bourse** en de kathedraal vindt. Het centrum van Lille is de gedroomde wijk voor shopaholics en museumfans. **Euralille** is een hypermoderne zakenwijk waar je jezelf laat verassen door culturele hotspots. In de kleurrijke volkswijk **Wazemmes** vind je een grote markt met exotische delicatessen en voor degenen die graag de natuur opzoeken tijdens hun stedentrip, is de wijk **Vauban** met het **Parc de la Citadelle** een verademing.

De Lillenaren zijn echte Bourgondiërs en houden van een frisse pint, een goed glas wijn en een copieuze maaltijd in een authentieke *estaminet*. Ben je in Lille en een experimentele eter, probeer dan zeker Welsh (in bier gesmolten cheddar met ham, ei en brood) en *potjevleesch* (een koud gerecht met stukjes kip, konijn en rundsvlees in gelei). Houd je meer van zoet, proef dan de wereldberoemde merenguegebakjes van **Aux Merveilleux de Fred** of de gevulde wafeltjes van **Méert**.

Of je nu naar Lille gaat voor een culinaire ontdekkingsreis of voor de veelzijdige architectuur: in deze bruisende stad ligt de focus altijd op genieten.

LES BONS PATURAGES
Fromagerie
Artisan affineur
Les Georgettes
Altesse

ROUTE 2

VIEUX-LILLE & VAUBAN

OVER DE ROUTE

Deze veelzijdige wandeling leidt je door de smalle straatjes van het toeristische Vieux-Lille. Aan het begin van de route zitten enkele fijne koffie- en lunchzaken en toffe winkeltjes. Je wandelt langs architecturale parels uit lang vervlogen tijden. Daarna kom je tot rust in de wijk Vauban, de groene long van Lille. Eindigen doe je opnieuw in het bruisende Vieux-Lille waar je de avond kunt doorbrengen in een van de vele bars of restaurantjes.

DE WIJKEN

De twee wijken in deze route liggen dan wel broederlijk naast elkaar, ze hebben elk een heel eigen karakter. **Vieux-Lille** is het toeristisch en historisch centrum van de stad. Vooral op zaterdag kan het hier heel druk zijn. Doordeweeks is het (gelukkig) wat rustiger. Kenmerkend voor dit stadsdeel zijn de oude geplaveide straatjes en de prachtige herenhuizen met kleurrijke façades.

De **Place du Géneral de Gaulle** of de Grand Place vormt het hart van de stad. Rondom het plein prijken enkele historische gebouwen waaronder de **Vieille Bourse**, een mooi staaltje Vlaamse architectuur uit de 17e eeuw. Op het binnenplein is er elke dag een oude boekenmarkt. Nog meer pracht en praal vind je op de **Place du Théâtre** met de opera en het nieuwe beursgebouw. De **Cathédrale Notre-Dame de la Treille** is dan weer een buitenbeentje met haar aparte moderne voorgevel.

Vieux-Lille is van oudsher een levendige, burgerlijke wijk met een commercieel karakter. De straten zijn bezaaid met bijzondere delicatessenwinkels en banketbakkerijen. Zowel locals als toeristen vinden gemakkelijk de weg naar topzaken als patisserie **Méert**. In de Rue de la Clef en de **Rue de la Monnaie** liggen veel hippe, onafhankelijke boetiekjes. Daarnaast vind je hier een ruim aanbod aan leuke eet- en drinkgelegenheden voor elk moment van de dag.

Ten westen van de stadskern ligt de wijk **Vauban**, genoemd naar de bouwmeester en militair ingenieur die er in de 17e eeuw een citadel liet bouwen. Het is een oase van rust in de stad. Het **Parc de la Citadelle**, omringd door het water van de Deûle, is de perfecte plek voor een wandeling in het groen of een bezoek aan de dierentuin.

WEINIG TIJD? DIT ZIJN DE HOOGTEPUNTEN:
MÉERT + VIEILLE BOURSE + PLACE DU THÉÂTRE + PARC DE LA CITADELLE + CATHÉDRALE NOTRE-DAME DE LA TREILLE

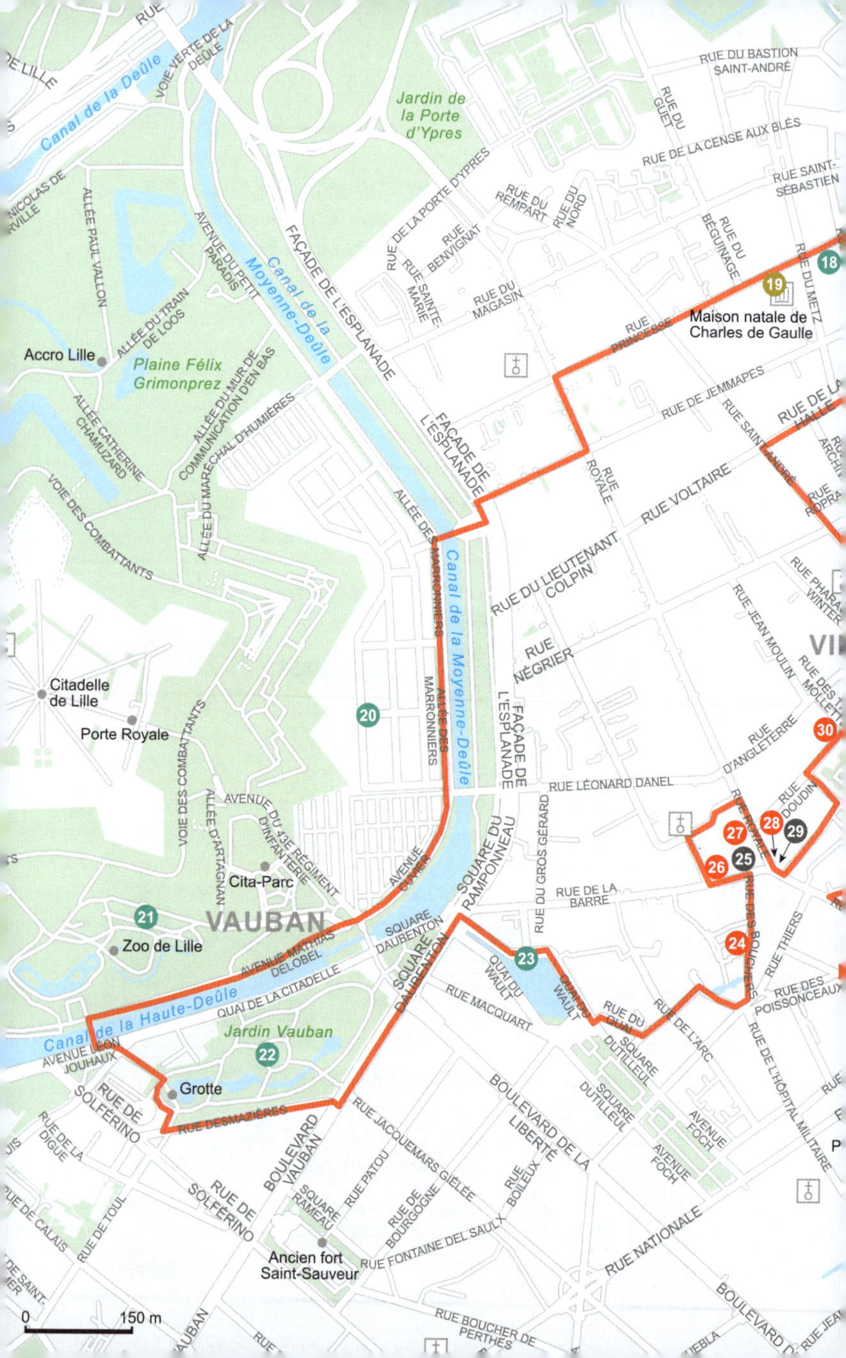

Canal de la Deûle
Voie verte de la Deûle
Jardin de la Porte d'Ypres
Rue du Bastion Saint-André
Rue du Guet
Rue de la Cense aux Blés
Rue Saint-Sébastien
Rue de la Porte d'Ypres
Rue du Rempart
Rue du Nord
Rue du Béguinage
Rue du Metz
18
19
Maison natale de Charles de Gaulle
Rue Benvignat
Rue Sainte-Marie
Rue du Magasin
Rue Princesse
Allée Paul Vallon
Avenue du Petit Paradis
Canal de la Moyenne-Deûle
Façade de l'Esplanade
Allée du Train de Loos
Accro Lille
Plaine Félix Grimonprez
Allée du Mur de Communication d'en Bas
Allée du Maréchal d'Humières
Allée Catherine Chamuzard
Rue de Jemmapes
Rue de la Halle
Rue Saint-André
Rue Royale
Rue Voltaire
Voie des Combattants
Allée des Marronniers
Rue du Lieutenant Colpin
Rue Négrier
Rue Jean Moulin
Rue Pharaon de Winter
Citadelle de Lille
Porte Royale
20
Rue des Trois Mollettes
30
Rue d'Angleterre
Rue Léonard Danel
Avenue du 43e Régiment d'Infanterie
Allée d'Artagnan
Rue du Gros Gérard
Rue Doudin
28
29
27
25
26
Cita-Parc
Avenue Cuvier
Square du Ramponneau
Rue de la Barre
21
VAUBAN
Zoo de Lille
Square Daubenton
Avenue Mathias Delobel
23
Quai du Wault
24
Rue des Bouchers
Rue Thiers
Rue des Poissonceaux
Canal de la Haute-Deûle
Quai de la Citadelle
Rue Macquart
Rue du Quai
Rue de l'Arc
Jardin Vauban
Avenue Léon Jouhaux
22
Square Dutilleul
Grotte
Rue de Solférino
Rue Desmazières
Boulevard de la Liberté
Avenue Foch
Rue de l'Hôpital Militaire
Rue de la Digue
Boulevard Vauban
Rue Jacquemars Giélée
Rue Patou
Rue Boileux
Rue de Calais
Rue de Toul
Square Rameau
Rue de Bourgogne
Rue Fontaine del Saulx
Rue Nationale
Ancien fort Saint-Sauveur
0
150 m
Rue Boucher de Perthes
Boulevard

VIEUX-LILLE & VAUBAN

1. Méert
2. Crêperie Beaurepaire
3. La Wilderie
4. Furet du Nord
5. Cafés Méo
6. Place du Général de Gaulle
7. Vieille Bourse
8. Place du Théâtre
9. Bernard et Léon
10. Boutique Julie Meuriss
11. Les Intrépides Concept Store
12. Papà Raffaele
13. Rue de Gand
14. Place Louise de Bettignies / Maison de Gilles de La Boë
15. Rue de la Monnaie
16. Musée de l'Hospice Comtesse
17. Marché du Vieux-Lille
18. La Luck
19. Maison natale Charles de Gaulle
20. Parc de la Citadelle / Le Quartier Libre
21. Zoo de Lille
22. Jardin Vauban / Le P'Tit Jacques
23. Quai du Wault / Couvent des Minimes
24. Bloempot
25. Instant Candide
26. Au goût du jour
27. Bierbuik - Bloemeke
28. La Bellezza
29. Memento Mori
30. La Capsule
31. Les Frères Pinard
32. Lill'Art Gallery
33. Tamper! Espresso Bar
34. Cathédrale Notre-Dame-de-la-Treille
35. Mouflette
36. Post Arrière
37. N'Autre Monde
38. La Petite Cour

ROUTEBESCHRIJVING 2 (ca. 7,1 km)

Start in Rue Esquermoise bij Méert 1. Ga naar rechts en ga rechts Rue Saint-Etienne in voor een pannenkoek 2 of gezonde lunch 3. Koop een boek 4 of drink koffie 5 op de Grand Place 6. Wandel via het binnenplein van de Vieille Bourse 7 of de straat ernaast naar de Place du Théâtre 8. Ga bij het nieuwe beursgebouw de Boulevard Carnot in en neem de eerste straat rechts. In Rue de la Clef eet je een lekkere bowl 9 of ga je shoppen 10 11. Vervolg je weg via de Place des Patinniers, Rue des Chats Bossus en de Place du Lion d'Or. Eet pizza in Rue Saint-Jacques 12. Wandel verder via Rue des Tours en ga de derde straat links in. Zoek een restaurant uit in Rue de Gand 13. Loop terug en bewonder de mooie gevels op de Place Louise de Bettignies 14. Ga vervolgens rechts winkelstraat Rue de la Monnaie in 15. Bezoek een museum 16 of ga naar de markt op de Place du Concert 17. Wandel verder via Rue de la Collégiale en Rue Saint-André. Ga rechts Rue de la Halle in. Neem de tweede straat links en volg deze straat tot je links kunt afslaan naar Rue Princesse. Speel een spelletje 18 of bezoek het geboortehuis van de Gaulle 19. Loop verder en ga links Rue Royale in. Volg Rue de Jemappes tot aan het Parc de la Citadelle 20. Bezoek de zoo 21 en maak een wandeling door de Engelse tuin 22. Volg de Boulevard Vauban en draai rechtsaf naar de Quai du Wault 23. Wandel langs het water en ga links Rue du Quai in. Vervolg je weg via Rue de La Baignerie tot aan de Place Maurice Schumann. Ga naar links en sla meteen links Rue des Bouchers in. Hier kun je lekker tafelen in een oude schrijnwerkerij 24. Vervolg je weg tot je Rue de la Barre bereikt. Koop bloemen 25, ga naar links 26 en sla rechts Rue Saint-Jean in. Ga daarna naar rechts. Op het einde van de straat draai je rechts Rue Royale in. Drink een biertje 27 of eet Italiaans 28. Stap een leuk designwinkeltje binnen 29 en ga links Rue Jean Jacques Rousseau in. Neem rechts Rue Doudin, drink een biertje 30 en ga naar rechts. Ga links naar Rue des Vieux Murs voor enkele fijne adresjes 31 32 33. Neem het smalle steegje rechts en bezoek de kathedraal 34. Volg Rue du Cirque en neem rechts Rue Basse. Koop leuke spulletjes 35 of drink een cocktail 36. Draai links Rue Esquermoise in. Neem de eerste straat links en sluit af met een lekker diner 37 38.

BEZIENSWAARDIGHEDEN

(6) De **Place du Général de Gaulle**, in de volksmond Grand Place genoemd, is het kloppend hart van Lille. Het marktplein is vernoemd naar Charles de Gaulle, militair en later president van Frankrijk. In het midden prijkt La Colonne de la Déesse. Dit monument, omringd door een fontein, herinnert aan het verzet van de inwoners in 1792 tegen de bezetting van de Oostenrijkers. Rondom het plein staan statige herenhuizen en historische gebouwen zoals de Vieille Bourse. Zodra de zon schijnt, zitten de terrassen hier vol.
place du général de gaulle, metro 1 rihour

(7) Het opvallendste gebouw op de Grand Place is de **Vieille Bourse**. De oude beurs dateert uit 1653 en bestaat uit 24 identieke woningen in typisch Vlaamse stijl. In de gouden 17e eeuw voerden kooplieden hier volop handel. Tijdens de 19e eeuw palmden vertegenwoordigers uit de mijn- en koolindustrie de beurs in. Het gebouw werd eind jaren negentig gerestaureerd. Dankzij de bijzondere 'wapenschilden' op de voorgevel ontdek je welke bedrijven de restauratie meefinancierden. Op het binnenplein is er dagelijks een boekenmarkt. Je kunt er ook een spelletje schaak spelen en in de zomer zelfs tangodansen.
place du général de gaulle, open di-zo 13.00-19.00, entree gratis, metro 1 rihour

(8) Op het **Place du Théâtre** staan enkele prachtige gebouwen te pronken. **L'Opéra de Lille**, in neoclassicistische stijl, werd opgericht tussen 1907 en 1923. Tijdens de eeuwwisseling onderging het gebouw een grondige renovatie. Nu is het de ideale plek om een opera-, dans- of muziekvoorstelling bij te wonen. Het **Chambre de Commerce et d'Industrie** of het nieuwe beursgebouw, in neo-Vlaamse stijl, dateert van het begin van de 20e eeuw. De opvallende klokkentoren is 76 meter hoog. De **Rang de Beauregard** is een fraaie huizenrij uit de 17e eeuw. De kanonskogels in de voorgevel zijn een souvenir van de Oostenrijkse belegering in 1792.
place du théâtre, opera-lille.fr, metro 1 rihour

(14) De **Place Louise de Bettignies** is een karakteristiek plein in Vieux-Lille waar je verschillende beschermde historische gebouwen spot. Het plein is genoemd naar een Franse spionne die onder het pseudoniem Alice Dubois tijdens de

34

Eerste Wereldoorlog voor het Britse leger werkte. Het **Maison de Gilles de La Boë**, op nummers 27 en 29, is een van de oudste gebouwen van het plein. Let vooral op de rijkelijk versierde gevel en de warme okerkleuren van deze oude handelaarswoning.

place louise de bettignies, metro 1 rihour

⑯ In 1237 liet Johanna van Constantinopel, gravin van Vlaanderen, een ziekenhuis bouwen. Het ziekenhuis werd in 1467 door een brand verwoest en in de daaropvolgende eeuwen heropgebouwd. Het Hospice Comtesse bestaat uit een ziekenzaal, een kapel en een klooster rondom een rustige binnenplaats. Het voormalige hospitaal is niet enkel een knap staaltje architecturaal en cultureel erfgoed, sinds 1962 is er in de gebouwen ook een museum gevestigd: het **Musée de l'Hospice Comtesse**. Dankzij de schilderijen, beeldhouwwerken, wandtapijten en oude meubels uit de 16e tot 20e eeuw reis je terug naar lang vervlogen tijden.

32 rue de la monnaie, lille.fr/le-musee-de-l-hospice-comtesse, open ma 14.00-18.00, wo-zo 10.00-18.00, entree € 3,70, metro 1 rihour

(19) De voormalige Franse president Charles de Gaulle werd in 1890 geboren in het huis van zijn grootouders in de Rue Princesse in Lille. Later bracht hij er veel vakanties door. In het mooi gerestaureerde **Maison natale Charles de Gaulle** maak je kennis met het karakteristieke interieur van een Franse burgerwoning aan het einde van de 19e eeuw. De tentoongestelde familiesouvenirs werpen een blik op de jeugd van de Gaulle. In het huis ontdek je onder meer de wieg en geboortejurk van de gewezen staatsman. Er is een Nederlandstalige audiogids beschikbaar.
9 rue princesse, maisondegaulle.fr, open ma & wo-zo 10.00-18.00, entree € 6, metro 1 rihour, bus 9, 10, 14, 50 les bateliers

(34) De eerste steen van de neogotische kathedraal van Lille, de **Cathédrale Notre-Dame de la Treille**, werd gelegd in 1854. Uiteindelijk duurde het tot 1999 tot de werken voltooid waren. De moderne en controversiële voorgevel is een ontwerp van Pierre-Louis Carlier en Peter Rice en bestaat uit 110 doorschijnende marmeren platen, opgehouden door een stalen constructie. De façade is versierd met een roosvenster van kunstenaar Kijno. Binnen ontdek je zeven kapellen met prachtige mozaïeken. Loop ook even om de kathedraal heen. Aan de rechterzijde staat een opvallende klokkentoren uit 1874.
place gilleson, cathedralelille.fr, open jan-feb dagelijks 14.00-18.15, mrt-jun & sep-dec ma & zo 14.00-18.15, di-za 10.30-18.15, jul-aug dagelijks 11.00-19.00, entree gratis, metro 1 rihour

ETEN & DRINKEN

(1) Je trip naar Lille is niet compleet zonder een bezoek aan **Méert**. In een prachtig historisch pand aan de Rue Esquermoise vind je een theesalon, een restaurant en een winkel. Als je hier binnenstapt, krijg je het gevoel dat je in de belle époque bent beland. De gevulde wafels met vanille uit Madagaskar zijn de specialiteit van het huis. Je kunt er ook thee, chocolade en verfijnde gebakjes proeven of kopen voor thuis. Geniet van een afternoontea in een decor vol pracht en praal of van een maaltijd in het stijlvolle restaurant achterin.
25-27 rue esquermoise, telefoon +330320570744, meert.fr, open theesalon di-vr 12.00-19.00, za 10.00-19.00, restaurant di-za 12.00-14.30, winkel di-za 10.00-19.00, zo 9.00-17.30, prijs koffie met wafel € 6,20, metro 1 rihour

(2) **Crêperie Beaurepaire** ligt in een rustig straatje op een boogscheut van de Grand Place. In deze op-en-top Franse crêperie eet je pannenkoeken in een warm en gezellig kader. Het interieur is authentiek, met houten tafels en een gewelfde kelder. Er is een ruime keuze aan hartige en zoete (glutenvrije) pannenkoeken.
1 rue saint-etienne, telefoon +330320546054, creperiebeaurepaire.com, open ma-vr 12.00-14.00 & 19.00-23.00, za 12.00-14.30 & 19.00-23.00, prijs pannenkoek € 6, metro 1 rihour

(3) Welkom in de jungle! Een plantenwinkel gecombineerd met een koffie- en lunchbar, dat is het concept van **La Wilderie**. De menukaart wisselt om de vijftien dagen en bevat gezonde gerechten boordevol vitamientjes: salades, quiches, soep... Evengoed drink je hier gewoon een cappuccino en ga je met een kamerplant naar huis.
2 rue saint-etienne, lawilderie.com, open wo-za 11.00-19.00, zo 11.00-18.00, prijs lunch € 10, metro 1 rihour

(5) De broers Meauxsoone stichtten hun koffiemakerij in Lille in 1928. Vandaag de dag vind je in **Cafés Méo** op de Grand Place een koffiewinkel en koffiehuis onder hetzelfde dak. Je hebt er de keuze uit een uitgebreid assortiment aan espresso's, koffiecocktails en gebakjes. Hun terras op het marktplein is de perfecte plek om mensen te kijken onder het genot van het zwarte goud.
5 place du général de gaulle, telefoon +330320573454, meo.fr, open ma-za 9.00-19.00, prijs € 3, metro 1 rihour

(9) Bij **Bernard et Léon** kun je terecht voor een gezonde lunch. Je kiest een van de *signature* bowls op de menukaart of stelt als een echte keukenchef zelf je bowl samen. De meisjes achter deze lunchzaak werken graag met Aziatische producten, seizoensgroenten en smaakvolle toppings. In de namiddag transformeert de lunchbar tot theesalon en liggen er dessertjes en gebakjes op je te wachten.
3 bis rue de la clef, bernardetleon.com, open lunchbar ma-vr 12.00-14.30, za 12.00-15.00, theesalon wo-za 15.30-18.30, prijs bowl € 11,50, metro 1 rihour

(12) Raffaele Esposito is de uitvinder van de pizza margherita. **Papà Raffaele** eert deze beroemde Italiaan met een eigen interpretatie van het oorspronkelijke recept. De pizza's worden gebakken in een traditionele houtoven en krijgen een

27

VAPO
STORE

12
PAPA RAFFAELE

moderne twist. Van de buffelmozzarella tot de tomaten, alle producten komen rechtstreeks uit Italië. Het restaurant is gezellig druk en brengt een stukje Napels naar Lille. Reserveren is niet mogelijk, kom dus vroeg als je nog een plaatsje wilt bemachtigen.

5 rue saint-jacques, papafamiglia.com, open di-do 12.00-14.00 & 19.00-22.00, vr 12.00-14.00 & 19.00-23.00, za 12.00-15.00 & 19.00-23.00, zo 12.00-15.00 & 19.00-22.00, prijs pizza € 14, metro 1 rihour

(13) Liefhebbers van lekker eten en een goed glas komen in de **Rue de Gand** zeker aan hun trekken. De smalle, geplaveide straat is goed voorzien van toffe bars en restaurantjes. Wijnbar **Monsieur Jacques** is een topper op alle vlakken: een mooie selectie aan Franse en internationale wijnen, heerlijke aperitiefplankjes en een aangename sfeer. In de estaminets geniet je van de traditionele Noord-Franse keuken in een gezellig en authentiek kader. Een mooi voorbeeld is **Chez Raoul Estaminet**. Je proeft er typische streekgerechten als *welsh* en *potjevleesch*, maar ook de mosselen zijn een aanrader.

rue de gand, wisselende tijden en prijzen, metro 1, 2 gare lille-flandres

(24) In een oude schrijnwerkerij ligt achter een blauwe poort het veelgeprezen restaurant **Bloempot** verscholen. Chef Florent Ladeyn werd bekend bij het grote publiek dankzij het televisieprogramma *Top Chef*. Hij werkt enkel met lokale en seizoensgebonden ingrediënten. Zijn creaties, met biologische groenten en kruiden in de hoofdrol, zijn zowel simpel als verfijnd. Ga voor het verrassingsmenu, dat je een totaalervaring van de Frans-Vlaamse keuken biedt, of kies van de kaart.
22 rue des bouchers, bloempot.fr, open di-za 12.00-13.30 & 19.00-21.30, prijs € 18, menu € 60, metro 1 rihour

(26) **Au Goût du Jour** is een karaktervol restaurant met een no-nonsenseaanpak. Chef Jean Louis en zijn team spelen in op de bistronomietrend met een verfijnde en seizoensgebonden keuken. De prijs-kwaliteitsverhouding is uitstekend en de borden zien er prachtig uit. Slim om even te reserveren als je hiernaartoe wilt.
22 rue de la barre, telefoon +330320512345, augoutdujour.eu, open di-za 12.00-13.30 & 19.30-21.30, prijs € 18, driegangenmenu € 36, metro 1 rihour

(27) Chef Florent Ladeyn, eigenaar van het succesvolle Bloempot, opende in 2019 een tweede zaak in Lille. In de bruisende Rue Royale bouwde hij een uniek concept uit: een hippe estaminet en *brew pub* gecombineerd met een restaurant waar de terroirkeuken van de chef volledig tot zijn recht komt. Bij **Bierbuik** ben je welkom voor een huisgebrouwen biertje of een snelle hap uit de houtoven. Een verdieping hoger ligt restaurant **Bloemeke** waar je geniet van een verrassend driegangenmenu. Voor het restaurant moet je wel reserveren.
19 rue royale, bierbuik.fr, open wo 12.00-0.00, do-za 12.00-2.00, zo 12.00-1.00, prijs driegangenmenu € 25, metro 1 rihour

(28) **La Bellezza** is gehuisvest in een wondermooi pand in art-decostijl. De aankleding is prachtig, met als pronkstukken de grote bar en de boekenkast die tot het plafond reiken. Hier proef je onvervalste klassiekers uit de Italiaanse keuken: pasta, pizza en tiramisu. Op de menukaart staan ook enkele originele bereidingen met ingrediënten als octopus en truffel. De sympathieke Italiaanse obers maken van elke maaltijd een feestje. Reserveer als je zeker wil zijn van je plek.
126 rue esquermoise, telefoon +330328536702, bigmammagroup.com/en/trattorias/la-bellezza, open ma-do 11.45-14.15 & 18.45-22.30, vr 11.45-14.15 & 18.45-22.45, za 11.45-15.15 & 18.45-22.45, zo 11.45-15.15 & 18.45-22.30, prijs € 14,50, metro 1 rihour

(30) **La Capsule** is het mooiste bewijs dat de biercultuur in Lille volop floreert. In deze bar heb je de keuze uit verschillende artisanale bieren van de tap. Het aanbod wisselt regelmatig en de barmannen raden je graag een biertje aan naar je smaak. De gewelfde kelder met zijn lange houten tafels nodigt uit om een praatje te maken met de locals.

25 rue des trois mollettes, bar-la-capsule.fr, open ma & zo 17.30-0.00, di-wo 17.30-1.00, do-vr 17.30-2.00, za 16.00-2.00, prijs € 4, metro 1 rihour

(31) In een van de mooiste straatjes van Vieux-Lille ligt wijnbar **Les Frères Pinard**. De kaart is ingedeeld volgens regio. Elke Franse regio biedt een uitgekiende selectie aan wijnen en bijhorende hapjes. Dit is een heerlijke plek om uitgebreid te aperitieven, niet in het minst door de hartelijke bediening. Je kunt er ook wijn, kaas en vleeswaren kopen om thuis na te genieten van je trip.

26/28bis rue des vieux murs, telefoon +330320556267, lesfrerespinard.com, open ma-do 17.00-23.00, vr-za 11.00-0.00, prijs glas wijn € 5, metro 1 rihour

(33) **Tamper! Espresso Bar** is een knusse koffiebar en -winkel in het hart van Vieux-Lille. Het is een fijn adresje voor een ontbijt, lunch of koffie met taart. Voor de koffie werkt deze zaak samen met de Berlijnse koffiebranderij The Barn. De sfeer is gemoedelijk, met sympathieke obers, houten banken met kleurrijke kussens en muziek uit de jaren 80 op de achtergrond.

10 rue des vieux murs, telefoon +330320392821, tamperlille.com, open wo-vr 10.00-18.00, za 9.00-18.00, zo 9.00-15.00, prijs stuk taart € 4,50, metro 1 rihour

(36) **Post Arrière** is een bar met een relaxte sfeer en leuke muziek. De sympathieke barvrouwen shaken lekkere cocktails en serveren verfrissende biertjes. Op zondag ben je er welkom om heerlijk lang te brunchen. Voor de kleine honger bieden de aperitiefplankjes soelaas. Grote broer L'Arrière Pays ligt vlakbij als je grote honger krijgt.

51 rue basse, telefoon +330320560327, fb @postarriere, open ma-wo 17.00-0.00, do 17.00-23.30, vr 17.00-1.00, za 17.00-2.00, zo 12.00-0.00, prijs cocktail € 9, metro 1 rihour

(37) Voor een culinaire wereldreis in een moderne setting ben je bij **N'Autre Monde** aan het juiste adres. In een ongedwongen sfeer geniet je van verfijnde

36

3
HE WINE

24

27

3

27

gerechten met invloeden uit alle hoeken van de wereld. Chef Renaud verwent je smaakpapillen met unieke smaakcombinaties zoals kip *togarashi* gegrild op de Japanse barbecue met kokosroom en koriander. Of hotdog met piri-piri, pittige mangosaus, cheddar, ananas en guacamole. Reserveren is aan te raden.
1bis rue du curé saint-etienne, telefoon +330320150131, nautremonde.fr, open di-wo 18.00-22.00, do & zo 12.00-13.30 & 18.00-22.00, vr-za 12.00-13.30 & 18.00-22.30, prijs € 20, metro 1 rihour

(38) In **La Petite Cour** proef je rasechte klassiekers als rundstartaar, stoofkarbonade of garnaalkroketten. De sympathieke obers zorgen voor een vlotte bediening met een vleugje humor. Deze authentieke bistro heeft zijn naam niet zomaar: in de zomer is het aangenaam vertoeven op de schaduwrijke binnenplaats.
17 rue du curé saint-etienne, telefoon +330320515281, lapetitecour-lille.fr, open ma-wo 12.00-14.00 & 19.30-22.30, do-vr 12.00-14.00 & 19.30-23.00, za 12.00-14.30 & 19.30-23.00, prijs € 18, metro 1 rihour

SHOPPEN

④ *Furet* is het Franse woord voor 'fret' en verwijst naar de geschiedenis van deze winkel die teruggaat tot 1936 toen een bontwinkel in Lille tot boekhandel werd getransformeerd. In die tijd was het namelijk een traditie om met fretten op konijnen te gaan jagen. In 1959 verhuisde de winkel van de Rue de la Vieille Comédie naar de huidige locatie. Vele uitbreidingen later is **Furet du Nord** een populair boekenparadijs. Naast boeken vind je er strips, cadeaus, spelletjes en multimedia.
15 place du général de gaulle, furet.com, open ma-za 9.30-19.30, metro 1 rihour

⑩ Op zoek naar een nieuwe handtas? In **Boutique Julie Meuriss** vind je vast en zeker iets naar je smaak. Naast kwaliteitsvolle handtassen kun je in deze kleinschalige lederwarenwinkel ook toffe juwelen en accessoires scoren.
46 rue de la clef, juliemeuriss.com, open ma 14.00-19.00, di-za 10.00-19.00, metro 1 rihour

⑪ **Les Intrépides Concept Store** is een trendy winkel voor mannen. De nadruk ligt op eigentijdse en ecologische mannenmode van merken als Colorful Standard, Outland en Autry. Je vindt er kledij, schoenen, parfum, accessoires en gadgets.
45 rue de la clef, lesintrepidesstore.fr, open di-vr 10.30-13.30 & 14.30-19.00, za 10.00-19.00, metro 1 rihour

⑮ De **Rue de la Monnaie** is de winkelstraat bij uitstek in Vieux-Lille. Er zijn heel wat leuke boetieks en delicatessenwinkels. **Ellen Desforges** is een goed adres als je op zoek bent naar thee, servies, woondecoratie of Japans textiel. **Antoine & Lili** is met al die felle kleuren misschien wel de opvallendste winkel van de straat. Je koopt er retro damesmode met kleurrijke patronen. Bij **La Bottega** vind je Italiaanse lekkernijen: olijfolie, wijn, deegwaren, kaas en charcuterie.
rue de la monnaie, wisselende tijden, metro 1 rihour

㉕ Fleur je interieur op met de droogbloemen van **Instant Candide**. In dit zaakje ontdek je sinds 2019 de creaties van Pauline. Ze schiep een wonderlijk bloemenuniversum met originele boeketten, kransen, accessoires en zelfs bloementhee.
12 rue de la barre, instant-candide.com, open di 14.30-19.00, wo-vr 11.00-13.30 & 14.00-19.00, za 10.30-13.30 & 14.00-19.00, metro 1 rihour

(29) In 2010 openden Noémie en Eric hun winkel **Memento Mori** in de Rue Esquermoise. Vanuit hun passie voor reizen en kunst gaan ze steeds op zoek naar unieke woondecoratie, designobjecten en accessoires. Het resultaat is een magisch curiositeitenkabinet vol bijzondere spullen die je steeds weten te verrassen. Een leuke plek voor kunstzinnige schattenjagers waar achter elk object een verhaal schuilt.

122 rue esquermoise, mementomori-shop.com, open di-za 10.30-19.00, metro 1 rihour

(35) **Mouflette** is een schattige winkel waar je heerlijk kunt snuisteren tussen tal van leuke en creatieve spulletjes voor volwassenen en kinderen. Woondecoratie, designmeubelen, juwelen, puzzels, knuffels, postkaarten: je komt er in de verleiding om alles te kopen.

41 rue basse, mouflette.design, open ma 14.00-19.00, di-za 10.30-19.00, metro 1 rihour

LEUK OM TE DOEN

(17) Laat je verleiden door de topproducten op de **Marché du Vieux-Lille**. Drie keer per week prijzen marktkramers hun waren aan op de Place du Concert. Je koopt er brood, vlees, kaas, groenten, fruit en textiel. Vooral op zondag heerst er een topsfeer en zitten de terrasjes van de omliggende cafés goed vol.

place du concert, open wo, vr & zo 7.00-14.00, metro 1 rihour

(18) **La Luck** heeft een bijzonder leuk concept. Je kunt er niet enkel lekker eten en drinken, er liggen ook honderden bordspellen waar je je de hele avond mee amuseert. Keuzestress? Vraag raad aan de sommeliers. Ze luisteren naar je wensen, kiezen er een spel uit en lichten de regels toe. De vrolijke barmannen serveren gerechten geïnspireerd op de Canadese keuken. Blikvanger is de *poutine*, frietjes bedekt met cheddar, een ware caloriebom. In het weekend brunch je er à la carte. In de zomer kun je een plekje uitkiezen op de gezellige binnenplaats.

1 bis rue princesse, la-luck.com/lille, open ma-vr 18.00-0.00, za 11.00-1.00, zo 10.00-23.00, prijs hoofdgerecht € 14, brunch € 16, metro 1 rihour, bus 9, 10, 14, 50 les bateliers

29
LEBLON DELIENNE
Oh la la
FUCK

29

15
Gabiano
Bica

Escape the busy city

(20) Het **Parc de la Citadelle** is het groene hart van de stad. Wandel over de idyllische Pont Napoléon naar het 'Central Park' van Lille. De 17e-eeuwse citadel is een stervormig bouwwerk dat nog steeds in gebruik is door het Franse leger. De 'koningin onder de citadellen' is niet toegankelijk voor het publiek. Wandelen of joggen rond de citadel kan wel. Op de website vind je routes voor een wandeling in een bosrijke omgeving. **Le Quartier Libre** heeft een toffe bar met een zomers terras en organiseert sportieve en culturele evenementen.
parc de la citadelle, parcdelacitadelle.lille.fr, open ma-vr 10.00-18.00, za-zo 10.00-19.00, entree gratis, metro 1 république beaux-arts

(21) De **Zoo de Lille** is een kleinschalige dierentuin in het Parc de la Citadelle. De zoo herbergt ongeveer 450 dieren verspreid over 110 soorten. Je ontmoet er schattige stokstaartjes, koddige aapjes en tropische vogels. De zoo sluit jaarlijks haar deuren tussen midden november en de kerstvakantie.
avenue mathias delobel, lille.fr/zoo-de-lille, open apr-sep ma & wo-vr 10.00-18.00, za-zo 10.00-19.00, okt ma & do-vr 10.00-17.00, wo & za-zo 10.00-18.00, nov-mrt ma & wo-zo 10.00-17.00, entree € 4,50, metro 1 république beaux-arts

(22) **Jardin Vauban**, een stadstuin in Engelse stijl, is de ideale plek voor een zomerse picknick. Vlij je neer in het gras rond de vijver of bezoek de grot met waterval. Aan de rand van de Jardin ligt het poppentheater **Le P'Tit Jacques**.
jardin vauban, metro 1 rihour

(23) De **Quai du Wault** is de oude haven van Lille. Dit afgesloten waterbassin doet al lang geen dienst meer als haven. Op warme zomeravonden is het wel de ontmoetingsplaats bij uitstek voor de lokale jeugd. Langs de kade ligt het **Couvent des Minimes**: een oud mannenklooster uit de 17e eeuw dat sinds de jaren negentig een hotel-restaurant herbergt.
quai du wault, metro 1 rihour

(32) Fan van vernieuwende hedendaagse kunst? Als je **Lill'Art Gallery** binnenstapt, kom je in een wondere wereld terecht vol figuratieve schilderijen en unieke beeldhouwwerken. Deze prachtige galerie moet je zeker gezien hebben.
15 rue des vieux murs, lillartgallery.com, open ma-vr 11.00-18.30, za 11.00-19.00, zo 10.00-13.00, metro 1 rihour

LYON

KUNSTZINNIG & HISTORISCH

HIGHLIGHTS

WANDEL LANGS DE KADES VAN DE RHÔNE EN SAÔNE + SHOP BIJ JONGE ONTWERPERS IN DES PENTES + ONTDEK DE EETCULTUUR VAN VIEUX-LYON + GENIET OP DE FOURVIÈRE-HEUVEL VAN HET UITZICHT + DUIK IN DE GESCHIEDENIS IN MUSÉE LUGDUNUM

DE STAD

Welkom in de derde stad van Frankrijk: hier begint het zuiden, met warme zomers en korte winters. Meteen valt op hoe goed gekleed de bewoners door de straten van de stad flaneren. Foodies, fashionlovers en creatievelingen voelen zich hier gegarandeerd thuis. Twee enorme rivieren, de **Rhône** en **Saône**, delen de stad op in verschillende wijken, elk met een eigen gezicht.

De historie van Lyon gaat terug tot de Romeinse tijd. Geschiedenisfans komen aan hun trekken in de wijk **Fourvière**, waar **Musée Lugdunum** een interessante collectie opgravingen tentoonstelt. Uiteraard stopt de geschiedenis van de stad hier niet; in **Vieux-Lyon** vind je middeleeuwse panden met wenteltrappen, okerkleurige façades en geheime doorgangen. Geen verrassing dus, dat deze wijk op de Unesco Werelderfgoedlijst staat.

Houd je meer van moderne stadsarchitectuur? Geen zorgen, ook daar hoef je in Lyon niet naar te zoeken. In de wijk **Confluence** vind je het architecturale hoogtepunt **Musée Confluence** en de havenbuurt. Het **Musée Urbain Tony Garnier**, vernoemd naar de Lyonnaise stedenbouwkundige Tony Garnier, bevindt zich in de wijk **États-Unis**. In dit openluchtmuseum wandel je langs reusachtige muurschilderingen van diverse kunstenaars. Elke gevel is een verrassing en ook op weg naar het museum kom je langs bijzondere fresco's.

De stad wordt overigens vaak vergeleken met Parijs. Wanneer je de **Fourvière-heuvel** op gaat, zie je ook waarom: Lyon ligt aan je voeten!

POTERIE

ROUTE 3

VIEUX-LYON & FOURVIÈRE

OVER DE ROUTE

Deze route loopt door het meest toeristische deel van Lyon en is met name op zaterdag drukbezocht. Vanwege het hoogteverschil tussen de wijken is het slim de funiculaire te nemen, de metro die je in vijf minuten boven op de Fourvière-heuvel brengt. Daarna kun je via verschillende trappen en tuinen te voet afdalen, of de funiculaire weer terug pakken. Duik vooral de *traboules* in, geniet van de uitzichten en eet in een van de *bouchons*.

DE WIJKEN

Ingeklemd tussen de heuvels van Fourvière en de rivier de Saône ligt de wijk **Vieux-Lyon**. Vroeger het centrum van de stad, nu een van de best bewaarde renaissancewijken van Europa, die is geclassificeerd als Unesco Werelderfgoed. In de smalle autovrije straten mengen toeristen zich met plaatselijke bewoners. Historisch gezien gaat de wijk terug tot de 4e eeuw, toen de inwoners besloten het hoger gelegen Fourvière te verlaten om dichter bij de rivier de Saône te gaan wonen. De goudgele en roze kalkstenen gevels rondom kathedraal Saint-Jean zijn een erfenis van de vele Italianen die hier in de 15e en 16e eeuw woonden. Toen ontwikkelden de zijde- en drukkerij-industrie in de stad. Grote families bewoonden de buurt en veranderden de middeleeuwse huizen in rijke residenties. Nog steeds proef je de sfeer van het oude Lyon als je de weg kwijtraakt in de wirwar van steegjes vol boetiekjes, ambachtelijke winkeltjes en restaurants, *bouchons* genaamd. Verder is dit deel van de stad vooral bekend vanwege de talloze *traboules*: overdekte passages en gangen tussen soms wel vier huizenblokken, vaak uitkomend op binnenplaatsen met sierlijk gedraaide trappenhuizen. Veel van deze mooie passages zijn vrij toegankelijk.

Hoog boven Vieux-Lyon ligt de wijk **Fourvière**, met **La Basilique Notre-Dame de Fourvière**, de eyecatcher van de stad. Vanaf de basiliek heb je prachtig uitzicht. Op heldere dagen zijn zelfs de besneeuwde toppen van de Alpen en de Mont Blanc te zien. Fourvière is een van de wijken in Lyon die als eerste werden bewoond. Naast een aantal parken met spectaculaire uitzichten, vind je er overblijfselen van Romeinse nederzettingen, zoals het gratis toegankelijke openluchttheater. Al sinds de middeleeuwen heeft de wijk de bijnaam *colline qui prie*, de biddende heuvel, in verband met de aanwezigheid van de basiliek, de vele kerken, kapellen en het Mariabeeld dat boven de stad uittorent. Wees dan ook niet verbaasd als je nonnen en priesters in vol ornaat door de straten ziet lopen.

WEINIG TIJD? DIT ZIJN DE HOOGTEPUNTEN:
LA BASILIQUE NOTRE-DAME DE FOURVIÈRE + TRABOULE RUE DU BŒUF + MUSÉE CINÉMA ET MINIATURE + LUGDUNUM + FUNICULAIRE

TIPS
// Zeker doen als je voor het eerst in Lyon bent
// Route met veel mooie uitzichten over de stad
// Klimmen en dalen

Feel good & enjoy

I'm in love with cities I've never been to & people I've never met

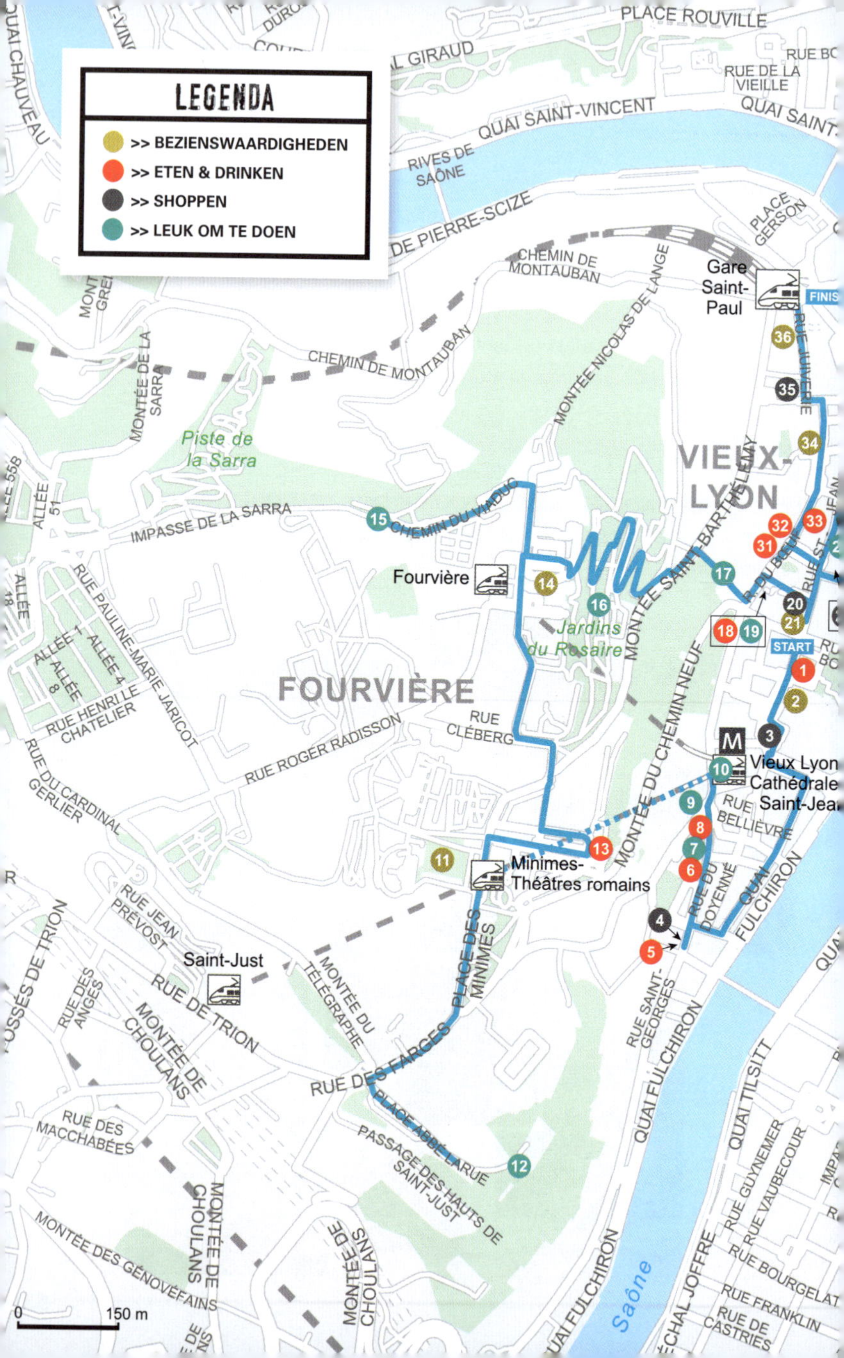

LEGENDA
>> BEZIENSWAARDIGHEDEN
>> ETEN & DRINKEN
>> SHOPPEN
>> LEUK OM TE DOEN
PLACE ROUVILLE
QUAI CHAUVEAU
RUE DE LA VIEILLE
QUAI SAINT-VINCENT
RIVES DE SAÔNE
DE PIERRE-SCIZE
PLACE GERSON
CHEMIN DE MONTAUBAN
Gare Saint-Paul
FINISH
RUE JUIVERIE
MONTÉE NICOLAS DE LANGE
MONTÉE DE LA SARRA
Piste de la Sarra
VIEUX-LYON
IMPASSE DE LA SARRA
CHEMIN DU VIADUC
Fourvière
Jardins du Rosaire
MONTÉE SAINT-BARTHÉLEMY
R. DU BŒUF
START
FOURVIÈRE
RUE PAULINE-MARIE JARICOT
RUE HENRI LE CHATELIER
RUE CLÉBERG
RUE ROGER RADISSON
MONTÉE DU CHEMIN NEUF
Vieux Lyon Cathédrale Saint-Jea
RUE BELLIÈVRE
RUE DU CARDINAL GERLIER
Minimes-Théâtres romains
RUE DU DOYENNÉ
QUAI FULCHIRON
RUE JEAN PRÉVOST
Saint-Just
PLACE DES MINIMES
MONTÉE DU TÉLÉGRAPHE
RUE DE TRION
RUE DES ANGES
MONTÉE DE CHOULANS
RUE SAINT-GEORGES
QUAI TILSITT
RUE DES FARGES
PLACE ABBÉ LARUE
PASSAGE DES HAUTS DE SAINT-JUST
RUE DES MACCHABÉES
RUE GUYNEMER
RUE VAUBECOUR
RUE BOURGELAT
RUE FRANKLIN
RUE DE CASTRIES
MONTÉE DES GÉNOVÉFAINS
Saône
0
150 m

VIEUX-LYON & FOURVIÈRE

1. Le Café de la Cathédrale
2. Cathédrale Saint-Jean
3. Disco Volante
4. Les Ateliers de Marinette
5. La Limonade de Marinette
6. La Cuisinerie
7. Traboule Rue Saint-Georges
8. Restaurant Café du Soleil
9. La Maison du Guignol
10. Funiculaire
11. LUGDUNUM - Musée & Théâtres romains
12. Jardin des Curiosités
13. Maison Têtedoie / Le Rooftop
14. La Basilique Notre-Dame de Fourvière
15. Passerelle des Quatre Vents
16. Jardin du Rosaire
17. Montée des Chazeaux
18. Ô Passage
19. Traboule Rue du Bœuf
20. LOULOU
21. Musée Cinéma et Miniature
22. Traboule Saint-Jean
23. Aux Azalées
24. Terre adélice
25. BMD
26. Le Luminarium
27. Art-Peaux
28. Minéralia
29. Boul'Dingue Occasions
30. Boulangerie du Palais
31. Food Traboule
32. Le Tire Bouchon
33. La Nef Des Fous
34. MAM - Musée des Arts de la Marionnette
35. L'Horloger de Saint-Paul
36. Galerie Philibert Delorme

ROUTEBESCHRIJVING 3 (ca. 5,5 km)

Loop na een koffie in het café 1 naar de kathedraal 2 en daarna door naar de lp-markt 3 rechts op Place Edouard Commette. Ga links Avenue Adolphe Max in en steek over. Ga de eerste rechts, Rue Monseigneur Lavarenne in. Loop rechtdoor tot Place Saint-Georges, ga rechts en meteen links voor vintage en een ontbijt 4 5. Loop terug door Rue Saint-Georges, reserveer alvast bij het restaurant 6 en ga bij nummer 12 een *traboule* in en bij nummer 10 eruit 7. Loop verder naar Place de la Trinité voor een terras 8, en bezoek het poppentheater 9 aan de overkant. Ga door op Rue Tramassac, ga rechts Rue Mourguet in, aan het einde links en neem funiculaire 1 10 naar Minimes. Eenmaal boven sta je voor het Romeins museum 11. Ga naar links naar beneden en neem links Place de l'Abbé Larue voor een parkje met mooi uitzicht 12. Of steek tegenover de ingang van het museum het hofje door via Allée du Champ de Colle en Esplanade Saint Pothin voor lunch op een dakterras 13. Ga dan naar links en neem de trap Montée du Cardo. Steek over, neem Rue Cleberg naar links en rechts Montée Cardinal Decourtray. Voor je ligt de basiliek, met een prachtig uitzicht 14. Loop richting de kleine Eiffeltoren over de Montée Nicolas de Lange tot de ingang van het park en ga links Chemin du Viaduc in naar het uitzichtpunt op de brug 15. Terug bij de basiliek is links een trap door het rosarium 16. Eenmaal eruit loop je iets verder door naar rechts, de trappen Montée des Chazeaux af 17. Houd beneden een pitstop met taart 18 en duik de langste traboule van de stad in 19. Je komt uit bij een cinemashop en -museum 20 21. Ga dan vanuit het museum naar links en ga bij nummer 28 de volgende traboule in 22. Terug op Rue Saint-Jean kijk je bij de plantenwinkel 23 en eet je op Place de la Baleine een ijsje 24. Loop het plein over en sla rechts Rue des Trois-Maries in voor een pauze 25 26. Aan het eind van de straat is een leerwinkel 27, en rechts op Rue du Palais de Justice vind je edelstenen, lp's en stripboeken, en een goede bakker 28 29 30. Loop een klein stukje rechts en meteen links Place Neuve Saint-Jean door om links te eten bij een foodhal 31 of rechts bij een *bouchon* 32. Verder naar rechts is een sfeervol restaurant 33. Loop door over Rue du Bœuf en Place du Petit Collège naar het marionettenmuseum 34. Ga door Rue de Gadagne, links Rue de la Loge en rechts Rue de Juiverie in voor een klokkenmaker 35 en eindig op een prachtige binnenplaats 36.

BISCUITS
CONFISERIE
EPICERIE
La limonade
Marinette
BOULANGERIE
Patisserie
CAISSE
Café de Marinette
Espresso
Petit Crème
Capuccino
Latte Macchiato
Mocaccino
Chocolat Chaud
Limonade Pression
Limonade Florale
Café Limé
Diabolo
Double Citron
Limonade Réglisse
Orange Pressée

BEZIENSWAARDIGHEDEN

(2) De bouw van de **Cathédrale Saint-Jean** nam meer dan drie eeuwen in beslag: van 1175 tot 1480. De kathedraal is een fraaie mix van romaanse en gotische bouwstijlen, en sinds 1998 Unesco Werelderfgoed. Het is een van de belangrijkste symbolen van Lyon, met name vanwege de hoofdingang aan het plein. Ga door de enorme eikenhouten deuren en ontdek de 16e-eeuwse astronomische klok en prachtige glas-in-loodramen uit begin 12e eeuw.
place saint-jean, primatiale.fr, open ma-vr 8.15-19.45, za 8.15-19.00, zo 8.00-19.00, entree gratis, metro d vieux lyon

(11) Om een beeld te krijgen van de vroege geschiedenis is **LUGDUNUM - Musée & Théâtres romains** een must. Het museum is vernoemd naar de oorspronkelijke Romeinse naam van Lyon en ligt tegen de heuvel, vrijwel volledig ondergronds. Hier zie je de rijke Gallo-Romeinse collecties die in Lyon en omgeving zijn gevonden, zoals mozaïeken, borstbeelden opgevist uit de Rhône en een bijzondere Keltische kalender. Het Odeon en het openluchttheater uit de tijd van Augustus (1e eeuw v. Chr.) zijn vrij toegankelijk.
17 rue cleberg, lugdunum.grandlyon.com, open museum di-vr 11.00-18.00, za-zo 10.00-18.00, romeins theater dagelijks 7.00-19.00, entree museum € 7, romeins theater gratis, funiculaire 2 fourvière, funiculaire 1 minimes

(14) De eyecatcher van Lyon, **La Basilique Notre-Dame de Fourvière**, ligt boven op de heuvel en is praktisch vanaf elk punt in de stad te zien. Vanaf deze plek ontvouwt zich een adembenemend uitzicht, bij helder weer zijn zelfs de Alpen te zien. De basiliek dateert uit 1870 en ziet er vanbuiten nogal druk uit, met achthoekige torentjes en muren met kantelen. Maar dat is nog niets vergeleken met het interieur vol goudversieringen en mozaïeken. En dat verdeeld over twee verdiepingen.
8 place de fourvière, fourviere.org, open dagelijks 7.00-19.00, entree gratis, rondleiding € 8, funiculaire 2 fourvière

(21) In een 16e-eeuws pand met galerijen en roze stucwerk is het unieke **Musée Cinéma et Miniature** gevestigd. Het museum geeft een fascinerend kijkje achter de schermen van de wereld van miniatuurmeubels en poppenhuizen,

14
Feel the history

maar het leukst zijn toch wel de objecten uit Europese en Amerikaanse filmstudio's, gebruikt voor special effects. Hier zie je maskers, robots, protheses, poppen en kostuums uit films als *Star Trek, Breaking Bad, Harry Potter* en *Spider-Man*.

60 rue saint-jean, museeminiatureetcinema.fr, open dagelijks 10.00-18.30, entree € 12,50, metro d vieux lyon

(34) **MAM - Musée des Arts de la Marionnette** is een stadmuseum dat geheel in het teken staat van de marionet. Poppen uit alle windstreken, uitgerust met roeden, touwtjes en stangetjes, die een magische wereld tot leven brengen. Een soort ouderwets poppentheater. Alleen het gebouw is al een bezoek waard: het museum zit in een prachtig renaissancepand met overdekte galerijen, wenteltrappen, een put en op de binnenplaats vind je verrassende hangende tuinen.

1 place du petit collège, gadagne-lyon.fr, open wo-zo 10.30-18.00, entree € 8, metro d vieux lyon

(36) Kijk achter de deur van Rue de Juiverie nummer 8 en je vindt een verrassend mooie 16e-eeuwse binnenplaats met een galerij: **Galerie Philibert Delorme**, vernoemd naar de architect die later hofarchitect werd van de Franse koning Henri II. Een mooi voorbeeld van Italiaanse renaissance-architectuur.
8 rue de juiverie, entree gratis, metro d vieux lyon

ETEN & DRINKEN

(1) **Le Café de la Cathédrale** ligt pal naast de Cathédrale Saint-Jean en heeft, ondanks de toeristische plek, een ouderwets cafégevoel weten te behouden. Hier kom je voor een koffie in de ochtend of een *apero* (borrel) tegen 12.00 uur 's middags. Sta er vooral niet van te kijken als de plaatselijke buurtbewoners in de ochtend al aan een witte wijn nippen. De bediening draait stevige jaren 90 rockmuziek.
6 rue saint-etienne, telefoon +33478371510, lecafedelacathedrale.com, open dagelijks 10.00-0.00, prijs koffie € 3,50, metro d vieux lyon

(5) Bij **La Limonade de Marinette** waan je je in de seventies: alles in dit café is vintage. In de kasten tegen de muur vind je allemaal retro verpakkingen van supermarktproducten. Hun zelfgemaakte limonades zijn verrukkelijk: neem bijvoorbeeld een limo met echte bloemen. Of die met aardbeien en frambozen. Het vriendelijke personeel legt graag uit welke limonades die dag op de kaart staan.
46 rue saint-georges, telefoon +33472322173, insta @limonade_marinette, open wo-zo 9.00-19.00, prijs limonade/koffie € 4,50, metro d vieux lyon

(6) **La Cuisinerie** ligt net even buiten het drukbezochte centrum van Vieux-Lyon. Ze serveren er naast heerlijke wijnen tapas à la Française. Op de kaart staan gerechten als bloemkoolbeignets met limoenmayonaise, trilogie van rundertartaar, kalfsvlees met salie, of wat dacht je van rauwe zalm met citrusvruchten? De ideale plek om tussen de locals de gezelligheid van het oude Lyon te ontdekken, zowel op het terras als in het sfeervolle restaurant.
16 rue saint georges, telefoon +33478609186, lacuisinerie.com, open ma-za 12.00-14.00 & 19.00-0.00, zo 12.00-14.30, prijs drie tapas € 19, metro d vieux lyon

(8) **Restaurant Café du Soleil** is de oudste *bouchon* van Lyon, en te herkennen aan de gouden zon op de gevel. Al in de 18e eeuw werd er op deze plek gegeten, terwijl de paarden werden drooggewreven met stro (*bouchonner*). Nu eet je in het restaurant huisgemaakte quenelles van snoekbaars met een borrelende Nantuasaus uit de oven, een specialiteit van de stad. Of wat dacht je van *tripes* (pens) à la Lyonnaise met gestoomde aardappelen?

2 rue saint-georges, telefoon +33478376002, open ma & wo-za 12.00-14.00 & 19.00-22.00, zo 12.00-15.00, prijs € 22,50, metro d vieux lyon

(13) Eten bij sterrenchef Christian Têtedoie is een feestje. Helemaal in de zomermaanden als naast **Maison Têtedoie** ook **Le Rooftop** open is. Hier werken jonge koks aan hun *signature dish*, terwijl je op het terras geniet van het romantische uitzicht over de stad. Wat je op je bord kunt verwachten? Ceviche van roodbaars, framboos, komkommer, azijn, forel, venkel en rode bessen, om maar wat te noemen. En verrassende desserts.

4 rue du professeur pierre marion, telefoon +33478294010, tetedoie.com, open ma & wo-zo 12.00-14.00 & 19.30-22.00, prijs rooftop driegangenmenu € 65, restaurant hoofdgerecht € 65, funiculaire 1 les minimes

(18) Na al die trappen naar beneden is lunchcafé **Ô Passage** een fijne stop om op adem te komen met versgebakken taart. Zoals worteltaart met amandel, waar je een verfrissende gemberlimonade bij drinkt. Alles is ter plekke gemaakt, de bediening is supervriendelijk en de banken zitten heerlijk.

27 rue du bœuf, telefoon +33472418929, fb @opassageinstantgourmand, open ma 11.00-19.00, di-wo & vr-za 10.00-19.00, zo 11.00-18.30, prijs thee met taart € 7,50, metro d vieux lyon

(24) Zin in biologisch ijs? Probeer dan maar eens een keuze te maken bij **Terre adélice**. Op de kaart staan zo'n honderd smaken, met klassiekers als peer, muskaatdruif en rabarber. Ook verkopen ze bloemensmaken (geranium), en nog gewaagder zijn de smaken roquefort, wasabimosterd en veldtomaat met basilicum. De ijsmaker produceert steeds lokaler, dus vind je er zwarte bessen uit de Bourgogne en abrikozenijs uit de Ardèche. Lactosevrij ijs is er ook.

1 place de la baleine, telefoon +33478035184, terre-adelice.eu, open ma-do & zo 13.00-0.00, vr-za 13.00-0.30, metro d vieux lyon

31

5

Cheers!

31
MSB
CAMEMBERT ROTI 14
MIEL ET ROMARIN
BOWL INDIEN S/L
POULET CURRY COCO 8/12.5
SAUCE KORMA
-VEGGIE 7.5/11.5
BOWL LIBANAIS S/L
KEFTAS 9/13.5
TABOULEH
HOUMOUS
PICKLES
-VEGGIE 8.5/12.5
APERO 10

8

18

24
Terre adélice

1
CERVEZA
ESPECIAL

5
BANANIA
BOULANGERIE
Patisserie
Biscottes
Pelletier
CHICOREE
TIGRE
SOLEIL
Limonade Pression
Limonade Florale
Café Lime
Diabolo
Double Citron
Limonade Réglisse
Cookie
Sirops
Pain d'épices

(25) **BMD** is de afkorting van *Bois, Mange et Détends-toi*: drink, eet en relax. De *bar à vin* nodigt dus uit tot relaxen, net een beetje uit de drukte van Rue Saint-Jean. Veel Lyonnais duiken hier naar binnen om te borrelen met wijn en kleine gerechten om te delen: een kaasplankje, wat charcuterie en een stuk quiche lorraine. De eigenaar helpt graag bij het uitzoeken van de wijn.
3 rue des trois-maries, telefoon +33472413811, open ma & do-za 11.00-15.00 & 17.30-0.00, di-wo 17.30-0.00, zo 11.00-17.00, prijs € 18, metro d vieux lyon

(26) Een theesalon die ook dienstdoet als designershop: dat is **Le Luminarium**. Terwijl je nadenkt of je die leuke lamp echt nodig hebt, serveert de salon de lekkerste huisgemaakte ijsthee. Vooral die met kersenbloesem- en citroensmaak zijn aan te raden. Ook alle taarten zijn *fait maison*; cheesecake, worteltaart, citroentaart en elke dag is het weer de vraag: wat is de taart van de dag?
9 rue des trois-maries, telefoon +33478821125, leluminarium.com, open ma-di 14.00-19.00, wo-vr & zo 11.00-19.00, za 10.00-19.00, prijs ijsthee € 4,50, metro d vieux lyon

(30) **Boulangerie du Palais** is een van de beste bakkers van de stad, er staat dan ook vaak een rij tot ver op straat. Niet zo gek, want de bakkerij is heel klein. In hun houtoven bakken ze naast brood stukken pizza (prei met geitenkaas of reblochon met spek) die je op de hand kunt eten. De winkel is het bekendst van hun *brioche à la pralines*, een zoetig zacht brood met roze gesuikerde amandelen.
8 rue du palais de justice, telefoon +33478370943, boulangerie-du-palais-lyon.eatbu.com, open ma & do-zo 7.00-20.00, prijs brioche aux pralines € 4,50, metro d vieux lyon

(31) Stap binnen bij **Food Traboule** en je bent meteen in een andere wereld. In een van de mooiste gebouwen van Vieux-Lyon, La Tour Rose, vind je deze overdekte foodcourt. Geen open ruimte, maar een labyrint van stenen muren, tapijten, een imposante openhaard en twaalf keukens: van hamburgers en pizza's tot traditionele plaatselijke gerechten verpakt als streetfood. Omdat overal kleine gerechtjes te koop zijn, vind je altijd wel iets van je gading.
22 rue du bœuf, foodtraboule.com, open ma-do 11.45-14.30 & 18.30-22.30, vr 11.45-14.30 & 18.30-23.00, za 11.45-23.00, zo 11.45-21.45, prijs € 25, metro d vieux lyon

(32) Alleen al de façade van **Le Tire Bouchon** neemt je mee terug in de tijd. Ook het interieur doet lekker mee, met grof stenen muren en houten balken. Dit is een traditionele *bouchon* waar je royale porties krijgt die met een glimlach worden geserveerd. Vandaar dat het restaurant geliefd is onder bewoners als een van de weinige *bouchons* in de oude wijk waar het écht goed eten is. Voor mensen die niet schrikken van runderwang, *andouillette* (worst van ingewanden) en quenelles.

16 rue du bœuf, telefoon +33983228847, le-tire-bouchon-lyon.fr, open ma 19.00-22.30, di-za 12.00-14.30 & 19.00-22.30, zo 12.00-14.30, prijs € 29, metro d vieux lyon

(33) Een rariteitenkabinet, dat is de eerste indruk als je bij **La Nef Des Fous** binnenloopt. Barokke schilderijen, ouderwetse kandelaars, gedimde schemerlampen en dat alles in rode en oranje tinten. De keuken is traditioneel Frans en van goede kwaliteit. Je kunt bijvoorbeeld kiezen tussen carpaccio van sint-jakobsschelp of huisbereide tartaar van gerookte eendenborst als voorgerecht. En als hoofdmenu quenelles van krab of parelhoen met chorizocrème en paddenstoelen. Steeds in royale porties.

5 rue du bœuf, telefoon +33478427367, la-nef-des-fous.fr, open dagelijks 19.00-22.30, prijs € 22, metro d vieux lyon

SHOPPEN

(3) Op zoek naar een bijzondere lp, cassette of cd? Stéphane van **Disco Volante** verkoopt vanuit zijn hippe bus elke tweede en vierde zaterdag van de maand zijn muziekpareltjes op Place Édouard Commette. Je kunt zijn bus ook vinden op andere plekken in de stad.

place édouard commette, open 2e & 4e za v/d mnd 10.00-18.00, metro d vieux lyon

(4) Zoek je oude knopen, stempels, reclamemateriaal, papieren zakjes of klosjes garen? Bij **Les Ateliers de Marinette** vind je het allemaal. Ook verkopen ze stickers uit de jaren 20 tot 50, evenals oude camera's en toebehoren. Achter in de winkel is een werkplaats waar oude fototoestellen worden gerepareerd.

46 rue saint-georges, ateliers-marinette.fr, open wo-zo 11.00-19.00, metro d vieux lyon

(20) Wie op zoek is naar bijzondere filmposters moet zeker even bij **LOULOU** binnenlopen. Van *Ben Hur, Four Weddings and a Funeral, Pulp Fiction* tot *The Hobbit*, de winkel biedt een indrukwekkende collectie affiches. Ook vind je hier vintage reclameposters en originele ansichtkaarten.

54 rue saint-jean, loulou-affiche.fr, open dagelijks 11.00-19.00, metro d vieux lyon

(23) Xavier, eigenaar van plantenwinkel **Aux Azalées**, verzamelt en verzorgt al bijna zestig jaar planten in een van de oudste winkels van de stad. Hij kweekt de planten thuis op en neemt ze vervolgens mee voor de verkoop. Hier vind je alles, van bonsai tot vleesetende exemplaren. En als een Lyonnais een plant heeft die het thuis niet naar z'n zin heeft, brengt Xaviert 'm weer in topvorm.

17 rue saint-jean, open di & zo 10.30-19.00, do-za 10.30-20.00, metro d vieux lyon

(27) Kleurrijke sandalen, chique laarzen, comfortabele pantoffels, trendy tassen en originele accessoires; alles bij **Art-Peaux** is van leer en handgemaakt. De medewerkers van de boetiek ontwerpen en vervaardigen zelf de leren schoenen en tassen in het atelier, dat ook in de winkel is gevestigd. Zit jouw smaak er

20
71e
FESTIVAL
INTERNATIONAL
DU FILM

4
Les Ateliers de

27

niet bij? Je kunt ook schoenen op maat laten maken in het leer, de vorm en de kleur die bij jou passen.
21 rue des trois-maries, art-peaux.com, open di-za 10.00-12.00 & 14.00-19.00, metro d vieux lyon

(28) In de etalage staat een enorm skelet van een dinosaurus. **Minéralia** zelf ligt vol met mineralen, fossielen en edelstenen. Volgens eigenaar Phillipe heeft elke steen een verhaal en specifieke kenmerken die hij graag uit de doeken doet. Trek een la open met stenen op kleur en begin je zoektocht.
6 rue du palais de justice, mineralia.fr, open wo-zo 10.30-13.00 & 14.00-19.00, metro d vieux lyon

(29) Verzamelaars van strips, lp's en cd's kunnen bij **Boul'Dingue Occasions** hun hart ophalen. Eigenaar Serge is al sinds 1974 gevestigd op deze plek en heeft hier zijn twee passies weten te combineren: muziek en strips. Je moet wel even door een wolk van sigarettenrook, maar dan ontdek je een enorme collectie strips, zoals oude Kuifjes, in het Frans *Tintin*. Als je muziek bij je lectuur wilt, vind je hier naast jazz en rock ouderwetse Franse chansons.
8 rue du palais de justice, open dagelijks 11.00-12.30 & 14.30-19.00, metro d vieux lyon

(35) Kijk vooral even binnen bij **L'Horloger de Saint-Paul**, een laboratorium voor antieke klokken en horloges. Sinds 1987 werkt Philippe hier als klokkenmaker, conservator en restaurateur. Je ziet hem vaak geconcentreerd aan het werk voor het raam van zijn winkel. Bel even aan, hij staat je graag te woord (in het Engels) om uit te leggen waarom hij zich inzet voor het behoud van zijn ambacht.
20 rue juiverie, open di-za 10.00-12.00 & 14.40-19.00, metro d vieux lyon

LEUK OM TE DOEN

(7) **Traboule Rue Saint-Georges** is een smalle doorgang tussen nummer 10 en nummer 12 op Rue Saint Georges. Druk bij nummer 10 op de knop om de zware deur open te duwen. Vergeet niet het licht aan te doen en loop vervolgens een binnenplaatsje door, omgebouwd tot binnentuin. Even later sta je bij

nummer 12 weer buiten. Let op: als je een traboule neemt, respecteer dan de privacy van de bewoners.

10/12 rue saint-georges, entree gratis, metro d vieux lyon

(9) In **La Maison du Guignol** maak je kennis met een marionet uit het poppentheater van Lyon. Het karakter Guignol bestaat al sinds 1808; een naïef en vriendelijk personage, dat sociaal onrecht aan de kaak stelt en voortdurend kibbelt met zijn vrouw Madelon. In de café-theaterachtige setting worden vaste Franstalige voorstellingen gegeven, geschikt voor kinderen en volwassenen.

2 montée du gourguillon, lamaisondeguignol.fr, zie website voor programma, entree € 11,50, metro d vieux lyon

(10) Wil je de Fourvière-heuvel op, dan kun je de **Funiculaire** nemen. Dit kabelspoorbaantje, ook wel *La Ficelle* (het koord) genoemd, klimt met zo'n 28 kilometer per uur piepend de Fourvière-heuvel op. Neem voor deze wandeling F1 naar Saint Just en stap uit bij Les Minimes/Theatres Romains. Een kaartje koop je bij de automaat, het biljet is ook geldig voor de terugtocht.

6 avenue du doyenné, open dagelijks 6.00-22.00, prijs € 3, metro d vieux lyon

(12) Een van de bestbewaarde geheimen van Lyon is de **Jardin des Curiosités**, een tuin met een adembenemend uitzicht. De plek ligt net buiten het toeristische gebied. Eenmaal door de toegangspoort zie je dat de tuin helemaal niet zo groot is, maar je hebt een prachtig panorama. Let ook op de stoelen die her en der verspreid staan, elk met een mooi gedicht.

8 place de l'abbé larue, open dagelijks mei-sep 8.00-22.00, okt-apr 8.00-19.00, entree gratis, funiculaire 1 saint just

(15) Veel bezoekers van de Fourvière-heuvel slaan de **Passerelle des Quatre Vents** over. Een gemiste kans: het park is een oase van rust en bestaat uit twee tuinen, die uitkomen op een 72 meter lang viaduct met een prachtig uitzicht op de basiliek, de wijk Croix-Rousse en de Saône. Ooit liep hier de kortste spoorlijn van Frankrijk, van slechts 800 meter. De trein verbond Fourvière met de verderop gelegen begraafplaats en vervoerde lijkkisten naar hun laatste bestemming.

chemin du viaduc, entree gratis, funiculaire 2 fourvière

Go & explore

9
COMMODITES

(16) De meest romantische tuin in Lyon is **Jardin du Rosaire**; via kronkelende paadjes slinger je langs rozen, in vorm gesnoeide buxushagen en hortensia's de heuvel af naar beneden. De rozen zijn op hun mooist van half mei tot half juni. Het is een schaduwrijke plek die Vieux-Lyon en de basiliek met elkaar verbindt en vaak wordt gebruikt als lunchplek door de bewoners.
43 montée saint-barthélémy, open dagelijks 8.00-23.00, entree gratis, funiculaire 2 fourvière, metro d vieux lyon

(17) De trappen van **Montée des Chazeaux** kun je het best naar beneden nemen, hoewel er fanatieke joggers zijn die de trappen in hun parcours opnemen. De 228 treden brengen je naar Rue du Bœuf. Vergeet niet te genieten van het uitzicht over de daken van Vieux-Lyon.
montée des chazeaux, funiculaire 2 fourvière, metro d vieux lyon

(19) De **Traboule Rue du Bœuf** begint op nummer 27 en komt via allerlei gangen uit op Rue Saint-Jean 54. Deze passage is de langste traboule van de stad en doorkruist vier binnenplaatsen met mooie galerijen en drie huizenblokken. Omdat er in de wijk onvoldoende ruimte was om een wegennet aan te leggen, werden de gebouwen onderling verbonden via deze doorgang.
27 rue du bœuf, metro d vieux lyon

(22) **Traboule Saint-Jean** is te vinden op nummer 27. Via de ingang steek je door naar Rue des Trois-Maries 6 en doorkruis je zalmkleurige gangen en Italiaanse galerijen uit de late 16e eeuw. Loop in dezelfde straat ook even binnen bij nummer 28 om een prachtige binnenplaats te bewonderen.
27 rue saint-jean, metro d vieux lyon

MARSEILLE

KLEURRIJK & REBELS

HIGHLIGHTS

LE VIEUX PORT EN L'OMBRIÈRE DE NORMAN FOSTER + CALANQUE DE SUGITON + TRAPPEN VAN DE COURS JULIEN + BASILIQUE NOTRE-DAME DE LA GARDE + FRICHE LA BELLE DE MAI

DE STAD

Ver van het massatoerisme en Franse clichés ligt de havenstad Marseille. Met 170 dagen zon per jaar is het de zonnigste stad van Frankrijk; zowel in de zomer als in de winter is het hier vaak goed toeven. Maar pas op, want Marseille wordt regelmatig geteisterd door de koude mistralwind. De temperatuur kan dan, van de een op de andere dag, 10 graden zakken.

Het rebelse weer past goed bij Marseille, een stad die zich afzet tegen de bourgeoisie en de chique hoofdstad Parijs. De stad, gesticht door de Grieken, is de oudste van Frankrijk. Je kunt hier dus heerlijk struinen door de historische straatjes. Marseille is echter ook een stad met een rauw randje. De vele streetart is daarvan een mooi voorbeeld, maar eigenlijk hangt de eigenzinnigheid hier overal in de lucht.

Graffitikunst, vintagewinkels, hippe bars en bierbrouwerijen: in de alternatieve wijk **Cours Julien** is op ieder moment van de dag wel wat te beleven. In de Noord-Afrikaanse wijk **Noailles** hangt de geur van specerijen op straat. De **Vieux Port** is een levendige plek waar de geur van de zee je meteen tegemoetkomt en in **Le Panier**, met haar kronkelende straatjes en schattige pleintjes, proef je het oude Marseille.

Al lopend naar de **Basilique Notre-Dame de la Garde** kweek je een goed stel kuiten, maar je moeite wordt beloond met een panoramisch uitzicht over de stad: een letterlijk én figuurlijk hoogtepunt van je stedentrip naar Marseille.

MUSÉE

ROUTE 4

VIEUX PORT & LE PANIER

OVER DE ROUTE

Dobberende bootjes, schreeuwende visverkopers en het geluid van de meeuwen. Deze route begint in het hart van Marseille: de oude haven. Onderweg maak je kennis met de cultuur en de rijke geschiedenis van de stad. Na het centrum te hebben verkend, pak je het pontje naar de overkant van de haven. Hier kom je in de oudste wijk van de stad, Le Panier, met schattige straatjes en streetart. De route is divers, telt veel restaurants, winkels en bezienswaardigheden, en is voor een eerste bezoek aan Marseille zeer de moeite waard.

DE WIJKEN

De **Vieux Port** is de oude haven van Marseille. Het is een levendige plek waar de geur van de zee je gelijk tegemoetkomt. Hier kun je iedere ochtend verse vis kopen bij de vissers zelf. Grenzend aan de Vieux Port, richting de Prefectuur, vind je het recent opgeknapte centrum met veel chique winkels, maar ook conceptstores en restaurants. Het **Cours Honoré-d'Estienne-d'Orves** is het centrale plein met veel gezellige terrassen. In 2022 werden hier de reusachtige foodhallen geopend, **Les Grandes Halles du Vieux Port**.

Als je op het pontje staat en naar de overkant van de haven gaat, valt op dat de gebouwen die om **La Mairie**, het gemeentehuis, staan relatief nieuw zijn. De reden hiervan is terug te leiden tot 1943, toen de Duitse bezetter de havenzijde van de wijk **Le Panier** vernietigde, als wraakactie. Gelukkig is het hoge deel van Le Panier, met zijn alternatieve karakter, wel bewaard gebleven. Hier loop je door kronkelende straatjes, over charmante pleintjes en langs muren vol streetart van graffitiartiesten. Een fascinerende ontmoeting tussen jonge kunst en een oude wijk. En niet zomaar een oude wijk, dé oudste wijk van de stad. In 600 v.Chr. zetten de Grieken hier hun eerste nederzettingen op, die later zouden uitgroeien tot de stad Massalia. Bij het **Musée d'Histoire de la Ville de Marseille** leer je meer over de fascinerende geschiedenis van de stad.

Wanneer je Le Panier uit loopt, met de enorme kathedraal **La Major** als grensbaken, kom je terecht in een deel van de 'nieuwe' haven **La Joliette**. Hier meren vandaag de dag de grote boten en cruiseschepen aan. Toen Marseille in 2013 culturele hoofdstad van Europa was, werd de Esplanade J4 omgetoverd tot museumhub. Het **Mucem** is een van deze nieuwe musea en is een indrukwekkend architectonisch hoogstandje. Vanaf het dak van het museum heb je toegang tot een spectaculaire loopbrug richting het **Fort Saint-Jean**, een bijzonder verdedigingswerk met een prachtig uitzicht over de zee.

WEINIG TIJD? DIT ZIJN DE HOOGTEPUNTEN:
VIEUX PORT & L'OMBRIÈRE DE NORMAN FOSTER + FERRY BOAT + LA VIEILLE CHARITÉ + MUCEM + LA CARAVELLE

TIPS
// Een must voor een eerste bezoek aan Marseille
// Leuk voor liefhebbers van kunst en cultuur vanwege de vele musea
// Niet geschikt voor de fiets

0
150 m
LEGENDA
>> BEZIENSWAARDIGHEDEN
>> ETEN & DRINKEN
>> SHOPPEN
>> LEUK OM TE DOEN
Joliette
LE PANIER
VIEUX PORT
Bassin du Vieux Port
LES CATALANS
ENDOUME
VAUBAN
Anse de la Réserve
Bassin de Carénage
TUNNEL DU VIEUX PORT
BOULEVARD DES DAMES
RUE DE LA RÉPUBLIQUE
RUE DE LA JOLIETTE
AVENUE ROBERT SCHUMAN
BOULEVARD JACQUES SAADÉ QUAI DE LA TOURETTE
AVENUE VAUDOYER
ESPLANADE DE LA TOURETTE
RUE DE L'ÉVÊCHÉ
RUE DE L'OBSERVANCE
RUE DU PETIT PUITS
RUE DU PANIER
RUE DES HONNEURS
RUE DES REPENTIES
RUE STE-FRANÇOISE
RUE JEAN GALLAND
MONTÉE DES ACCOULES
RUE CAISSERIE
GRAND RUE
PLACE SADI CARNOT
RUE MÉRY
PLACE VICTOR GÉLU
RUE DE LA LOGE
PLACE VIVAUX
RUE DU LACYDON
AVENUE DE SAINT-JEAN
QUAI DU PORT
QUAI DE RIVE-NEUVE
PLACE AUX HUILES
RUE FORT NOTRE-DAME
RUE SAINT-SAËNS
COURS HONORÉ D'ESTIENNE D'ORVES
QUAI DES LIGURES
QUAI MARCEL PAGNOL
RUE SAINTE
RUE DE L'ABBAYE
RUE D'ENDOUME
RUE ROBERT
BOULEVARD DE LA CORDERIE
RUE DE LA CROIX
RUE DES TYRANS
RUE RIGORD
RUE NEUVE SAINTE-CATHERINE
RAMPE SAINT-MAURICE
AVENUE DE LA CORSE
RUE DU REMPART
RUE DES LICES
TUNNEL DU PRADO CARÉNAGE
RUE DE L'ABBÉ DASSY
AVENUE PASTEUR
IMPASSE CLERVILLE
QUAI AUX CHAÎNES
17 18 19 20 21 22 23 24 25 26 27 28 29 30 31 32 33 34 35 36

VIEUX PORT & LE PANIER

1. Vieux Port / L'Ombrière de Norman Foster
2. La Canebière
3. Frap Store
4. Station Vintage
5. Ciel
6. Goudron
7. Aux Deux Comptoirs
8. Ko-Ishi
9. Pain à l'ail
10. L'Infusion
11. Opéra de Marseille
12. DEEP
13. Azul
14. Cours Honoré-d'Estienne-d'Orves
15. Bistrot l'Horloge
16. Les Grandes Halles du Vieux Port / Le Marché des Grandes Halles
17. Bar de la Marine
18. Musée du Savon
19. Ferry Boat
20. La Mairie
21. Hôtel-Dieu
22. Cup of Tea
23. Dutch Café
24. La Vieille Charité
25. La Maison de la Boule
26. UndARTground
27. Hododa
28. CURIOS
29. Cathedrale Sainte-Marie-Majeure (La Major)
30. Musée Regards de Provence
31. Cosquer Méditerranée
32. Mucem
33. Fort Saint-Jean
34. La Caravelle
35. Hôtel de Cabre
36. Le République
37. Musée d'Histoire de la Ville de Marseille

ROUTEBESCHRIJVING 4 (ca. 7,3 km)

Deze wandeling begint in de oude haven 1. Loop La Canebière 2 op. Ga de eerste straat rechts en loop langs een kledingzaak 3. Ga links op Rue Pythéas, loop langs Place Général de Gaulle en ga rechts op de Rue Haxo voor vintage 4 en koffie op het dak 5. Sla linksaf en rechtsaf om in de grote winkelstraat Rue Saint-Ferréol te komen. Loop door tot Place Félix Baret, ga rechts naar Rue Montgrand en steek de Rue Paradis over voor herenkleding 6. Ga terug, ga links op Rue Paradis en dan de eerste straat links voor een conceptstore 7. Loop een stukje terug, steek het pleintje over en ga links voor Japans streetfood 8. Keer om, loop weer naar Rue Paradis en wandel de straat uit tot Rue Saint-Saëns. Ga deze straat in en haal een broodje in Rue de la Tour 9. Ga verder op Rue Saint-Saëns en loop het prachtige plein met theesalon op 10. Wandel langs de Opéra 11 en ga links op Rue Glandeves voor koffie 12. Ga rechts voor mooie spullen 13 en steek de Rue Breteuil over. Loop over het Cours Honoré-d'Estienne-d'Orves 14 en ontdek een bistro 15 en de hallen 16. Ga rechts op Place aux Huiles om weer bij de haven te komen. Ga links en wandel via een bekend café 17 naar het zeep-museum 18. Loop een stukje terug en pak de Ferry Boat 19 naar de overkant van het water. Aan je linkerhand bevindt zich het stadhuis van Marseille 20. Loop de trappen op richting het Hôtel-Dieu 21. Eenmaal boven ga je links, langs een theesalon 22, en daarna rechts, langs de zeepwinkel, de volgende trappen op. Ga de Rue du Refuge rechts in voor koffie 23 en loop de straat uit. Steek het plein over en snuif cultuur op 24. Wandel door de Rue du Petit Puits voor een potje petanque 25. Vervolg de centrale Rue Sainte-Françoise tot een conceptstore 26. Ga rechts en dan links, de Rue de l'Évêché in voor een vegan lunch 27 en curiosa 28. Ga rechts op het Place de Lenche en weer rechtsaf om in de Rue de la Cathédrale te komen. Loop richting de kathedraal 29. Steek de Esplanade J4 over langs verscheidene musea 30 31. Loop het Mucem 32 in en klim naar het dak. Daar neem je de loopbrug naar het Fort Saint-Jean 33. Verlaat het fort via de toren en wandel langs de haven en het stadhuis tot een cocktailbar 34. Neem de aangrenzende Rue Bonneterie naar boven en bewonder het oudste huis van Marseille 35. Steek door via de steeg aan de overkant naar een 'solidair' restaurant 36 op Rue Méry en loop terug richting de haven over de Rue de la République. Ga ten slotte links op Rue Henri Fiocca om de ruïnes van de oude stad te bekijken 37.

QUE LES HOMMES QUI LE FONT REMARQUER
JE VIENS DE CALCULER MON INDICE DE MASSE CORPORELLE APPARAMMENT
J'ARRETE LES RENCONTRES SUR TINDER
JE SUIS UNE FEE, LA FEE PACHIER.
C'EST EN SE PLANTANT QUE L'ON DEVIENT UNE JOLIE FLEUR
J'AI BESOIN DE SIX MOIS DE VACANCES DEUX FOIS
I KISS BETTER THAN I COOK...
NO TIME FOR DRAMA
ATTACHIANTE ET DELICHIEUSE.
NI PARFAITE NI REFAITE.
JE NE VIEILLIS PAS JE PRENDS DE LA VALEUR
C'EST DECIDE J'EVITE TOUT CE QUI FAIT GROSSIR
IL FAUT TOUJOURS VISER LA LUNE CAR MEME EN CAS D'ECHEC ON ATTERIT DANS LES ETOILES
JE SUIS RESPONSABLE DE CE QUE JE DIS PAS DE CE QUE TU COMPRENDS
Collection Les Effrontées
CREATION ORIGINALE PULP
2,90
JE VOULAIS JUSTE UN MASSAGE.
CHUT JE REVE.
LES PRINCES EXISTENT AU RAYON BISCUITS
L'OUVERTURE D'ESPRIT N'EST PAS UNE FRACTURE DU CRANE
JE VOULAIS JUSTE UN MASSAGE.
IL N'Y A PAS QUE L'ARGENT DANS LA VIE IL Y A LES BIJOUX ET LES FRINGUES
VIVE LE VENT, VIVE LE VENT, VIVE LE VENDREDI.
TOUT VIENT A POINT A QUI SAIT M'ATTENDRE.
JE NE PEUX PAS ALLER TRAVAILLER J'AI UNE LUNDIGESTION
LES MIROIRS DEVRAIENT REFLECHIR AVANT DE RENVOYER MON IMAGE
L'HOMME EST UN LOUP POUR L'HOMME ET RELOU AVEC LES FEMMES
VIVRE D'AMOUR ET DE MOJITOS

BEZIENSWAARDIGHEDEN

(1) De **Vieux Port** is de oude haven van Marseille en de centrale plek van de stad. Hier komen de vissers met hun boten binnen die hun verse vis 's ochtends vroeg in kraampjes in de haven verkopen. **L'Ombrière de Norman Foster** is dé ontmoetingsplaats van de Vieux Port geworden. De spiegel wordt gezien als een architectonisch hoogstandje waarin de verbinding tussen land en zee, die zo belangrijk is voor de stad, wordt weerspiegeld.
quai de la fraternité, metro 1 vieux port

(11) De **Opéra de Marseille** werd in de 18e eeuw gebouwd en brandde in 1919 grotendeels af na een ongeluk tijdens een repetitie. Een jaar later werd de Opéra herbouwd met een weelderige art-decozaal. Het prachtige plein voor de Opéra is recent opgeknapt. Het was een wat onheilspellende plek, nu floreren hier de koffietentjes en spelen kinderen met skateboards op het nieuw betegelde plein.
2 rue molière, opera.marseille.fr, zie website voor programma, entree operavoorstelling € 30, metro 1 vieux port

(17) **Bar de la Marine** kreeg internationaal bekendheid door de rol van het emblematische café in de film *Love Actually*. Wellicht herken je het uit de scène waarin Colin Firth de bar in rent om zijn vriendin ten huwelijk te vragen. Ook kun je het café met de ouderwetse pui van glas en hout kennen uit toneelstukken van de Provençaalse schrijver Marcel Pagnol. Vele personages komen samen in de bar, zoals Fanny (het meisje dat vis verkoopt in de oude haven) en de schipper van de Ferry Boat (die meer in de bar te vinden is dan op zijn pontje).
15 quai de rive neuve, fb @bardelamarineofficiel, open dagelijks 7.00-3.00, metro 1 vieux port

(20) **La Mairie** is het gemeentehuis van Marseille. Het is een opvallend en klein pand vergeleken met de moderne gebouwen eromheen. De reden is terug te leiden tot de Tweede Wereldoorlog. Tijdens de razzia van Marseille haalden de nazi's in januari 1943 meer dan twintigduizend mensen uit hun woningen. Daarbij werd de wijk rondom La Mairie opgeblazen. Zo'n 1200 panden werden vernietigd. Gelukkig bleven enkele monumentale panden overeind, zoals het gemeentehuis.
quai du port, marseille.fr, niet open voor publiek, metro 1 vieux port

Modern architecture

㉑ Heb je ooit eerder zo'n mooi ziekenhuis gezien? Het **Hôtel-Dieu** werd in de 18e eeuw gebouwd voor de opvang van zieken, ouderen en weeskinderen. Door de bevolkingsgroei in de 20e eeuw werd het gebouw te klein. In 1993 vertrokken de laatste patiënten uit het Hôtel-Dieu naar een nieuw ziekenhuis buiten de stad. Sinds 2013 huist in het prachtige gebouw het vijfsterrenhotel Hôtel Continental. Loop de centrale hal even binnen om het interieur te bewonderen.

1 place daviel, marseille.intercontinental.com, open centrale hal dagelijks, metro 1 colbert, tram 2, 3 sadi carnot

㉔ In de 17e eeuw deed **La Vieille Charité** dienst als daklozenopvang. De galerijen met de olijfbomen en de oude kapel zijn een lust voor het oog. Het is dan ook moeilijk voor te stellen dat het pand na de Tweede Wereldoorlog bijna gesloopt werd. Dankzij de inspanningen van de architect Le Corbusier werd de plek gered. Na een renovatie van 25 jaar is het nu een cultureel centrum en museum.

2 rue de la charité, vieille-charite-marseille.com, open di-zo 9.00-18.00, entree plein + kapel gratis, expositie € 6, eerste zo v/d maand gratis, metro 1 colbert, tram 2, 3 sadi carnot

(29) Langzaam zie je haar boven de daken van de stad opdoemen, en dan ineens sta je er, voor de reusachtige **Cathedrale Sainte-Marie-Majeure**, oftewel **La Major**. De kathedraal werd gebouwd in de 19e eeuw, vlak bij de 'nieuwe' haven La Joliette. Hier komen tot op de dag van vandaag grote boten aan. Het doel van dit prachtige bouwwerk was dan ook de mensen op de aanmerende boten te imponeren. De kathedraal is opgebouwd met stenen uit Frankrijk, Italië en Tunesië, om de rijkdom en het multiculturele karakter van de stad te weerspiegelen.
place de la major, diocese-marseille.fr, open di-zo 10.00-19.00, entree gratis, bus 49 la major

(30) Marseille was in 2013 culturele hoofdstad van Europa. Daarvoor onderging vooral dit deel van de stad, de oude Esplanade J4, een flinke metamorfose. De snelweg is ondergronds gelegd en daar waar vroeger niets te beleven was aan cultuur, openden drie musea, waaronder **Musée Regards de Provence.** In dit oude migratiegebouw vlak bij de haven worden nu tentoonstellingen georganiseerd in lijn met het Provençaalse landschap.
avenue vaudoyer, museeregardsdeprovence.com, open di-zo 10.00-18.00, entree € 8,50, bus 49 la major

(31) De grot van Cosquer ligt voor de kust van Marseille en werd in 1985 ontdekt door beroepsduiker Henri Cosquer. Op de wanden van de grot, die dus onder water ligt, werden bijzondere muurtekeningen uit 18.500 v.Chr. gevonden. Sinds 2022 kun je een replica van de grot bezoeken in het museum **Cosquer Méditerranée**. Toen bekend werd dat de opwarming van de aarde het voortbestaan van de originele tekeningen in gevaar brengt – vanwege de stijgende zeespiegel dreigt de grot onder water te lopen – werd haast gemaakt met het maken van deze replica.
promenade robert laffont, esplanade j4, grotte-cosquer.com, open dagelijks 9.00-21.00, entree € 16, metro 2 la joliette

(32) **Mucem** opende de deuren in 2013 en werd al snel een van de meestbezochte musea van Frankrijk. Er worden gevarieerde exposities georganiseerd rondom thema's als moederschap, Joodse cultuur en dans. Het museum toont dan zowel oude als moderne voorwerpen, in combinatie met bijvoorbeeld foto's, video's en schilderijen. Toch zijn het niet alleen de exposities waarvoor je hiernaartoe moet

komen, het is vooral het gebouw zelf dat de moeite waard is. Dit architectonische hoogstandje, naar de hand van Rudy Ricciotti, verbindt het moderne Mucem via een spectaculaire loopbrug met het oude Fort Saint-Jean.

1 esplanade j4, mucem.org, open ma & wo-zo 10.00-18.00, entree € 11, eerste zo v/d maand gratis, dakterras gratis, bus 82, 83 capitainerie

(33) Toen in Marseille in de 17e eeuw een periode van grote rebellie uitbrak, kwam Lodewijk XIV in hoogsteigen persoon naar het zuiden. Om het stelletje ongeregeld in bedwang te houden, maar ook om de stad te beschermen tegen gevaren van buitenaf, besloot de Zonnekoning twee forten aan te leggen. Het **Fort Saint-Jean** vind je aan de kant van Le Panier. Het Fort Saint-Nicolas vind je aan de kant van de Abbaye Saint-Victor.

promenade louis brauquier, mucem.org, open ma & wo-zo 10.00-18.00, entree gratis, metro 1 vieux port

(35) **Hôtel de Cabre** is het oudste gebouw in Marseille en dateert uit 1535. Toen de nazi's in 1943 het zuidelijke deel van Le Panier opbliezen, bleef het gelukkig gespaard. Na de oorlog werd de in puin gelegen wijk opnieuw ingericht. Om dit nieuwe plan te realiseren, werd besloten het Hôtel de Cabre een blok te verplaatsen. Ook werd het in zijn geheel een kwartslag gedraaid. Als je goed kijkt, kun je de naam van de zijstraat, Rue de la Bonneterie, nu op de voorkant van de gevel zien staan.

27 grand rue, niet open voor publiek, metro 1 vieux port

(37) Marseille is de oudste stad van Frankrijk en werd in 600 v.Chr. gesticht door Griekse kolonialisten. Tijdens de bouw van het Centre Bourse stuitte de constructieploeg in 1969 op resten van antieke stadsmuren, torens en wegen. Ook vonden ze boten en delen van de oude haven, die in de tijd van de Grieken tot hier doorliep. In het **Musée d'Histoire de la Ville de Marseille** vind je de boten en kleine voorwerpen die bij de opgravingen gevonden werden. Buiten kun je de ruïnes vanaf een moderne loopbrug bewonderen.

2 rue henri barbusse, musee-histoire-marseille-voie-historique.fr, open museum di-zo 9.00-18.00, ruïnes dagelijks, entree museum € 6, eerste zo v/d maand gratis, bezichtiging ruïnes gratis, metro 1 vieux port

Feel the history

⑤

ETEN & DRINKEN

⑤ Rooftopbar **Ciel** ('hemel' in het Frans) zit een beetje verstopt. Heb je het adres gevonden, neem dan in de betonnen hal de lift naar boven. Het uitzicht is fantastisch en de bar vormt een schril contrast met de kille hal. Stond je net nog op straat in Marseille, nu sta je in een 'strandtent' die op Ibiza niet zou misstaan. Geniet van je drankje onder een met lampjesslingers verlichte hemel.
17 rue haxo, telefoon +33980806122, ciel-rooftop.com, open ma-za 12.00-0.00, zo 12.00-17.00, prijs € 21, glas wijn € 6, metro 1 vieux port

⑧ **Ko-Ishi** is een minuscuul Japans restaurant geheel in mangastijl ingericht. Hier eet je geen sushi, maar heerlijke *okonomiyaki* (omeletpannenkoekjes) en *takoyaki* (deegballetjes gevuld met octopus). Eigenaar Christophe Caiola leerde het vak in Osaka van een Japanse chef en besloot Marseille kennis te laten maken met Japans streetfood. Het zaakje is een groot succes, reserveren is dus noodzakelijk.
25 rue sainte, telefoon +33491046410, insta @koishi_marseille, open di-wo 12.00-14.00, do-za 12.00-14.00 & 19.45-21.30, prijs € 12, metro 1 vieux port

⑨ Oprichtster Linda Vila Palleja van **Pain à l'ail** miste in de stad een plek met goed streetfood. En dus creëerde ze er een. Hier kun je op luchtige wijze kennismaken met de Provençaalse keuken. Lik je vingers af met een sandwich aioli of *daube* (runderstoof) en proef een biertje van de lokale brouwerij Zoumaï.
5 rue de la tour, telefoon +33951982371, painalailstreetfood.fr, open ma-za 11.00-17.00, prijs sandwich € 6,90, metro 1 vieux port

⑩ Bij **L'Infusion** hebben ze zoveel soorten thee dat je de wereld rond kunt reizen vanaf het fijne terrasje. Wat dacht je van Genmai Cha, een groene thee met geroosterde rijst uit Japan? Of de Pâtissier Shéhérazade, een zwarte thee uit Noord-Afrika met vanille-, dadel- en amandeltonen? De vrolijke eigenaresse weet je alles te vertellen over theebladeren en de infusietijden.
1 rue molière, telefoon +33952860686, linfusionmarseille.com, open ma-za 9.00-18.30, prijs thee en gebak € 8,50, metro 1 vieux port

⑫ Je dag begint goed met een bakkie bij **DEEP**. Deze hippe koffiezaak en koffiebranderij werd opgericht door Tony Collins, een Fransman met Amerikaanse roots. Wat hij in Marseille miste van het leven in New York, besloot hij zelf naar de stad te brengen: een goed koffiecafé. De bonen komen van kleine ondernemers uit Ethiopië, Kenia en Colombia, de *amazing* havermelk komt gewoon uit Nederland.
15 rue glandeves, telefoon +33972658024, deep.coffee, open ma-vr 9.00-17.30, za-zo 9.00-18.00, prijs cappuccino € 4, metro 1 vieux port

⑮ Of je hier nu komt voor koffie, lunch, een borrel of diner, bij **Bistrot l'Horloge** zit je altijd goed. Het drukke plein zorgt voor het nodige entertainment. In de zomer hebben ze vaak milkshakes op de kaart, met vers fruit van de markt.
11 cours honoré-d'estienne-d'orves, telefoon +33488083303, insta @bistrotlhorloge, open ma-za 9.00-23.00, zo 16.00-23.00, prijs € 18, metro 1 vieux port

㉒ Bij **Cup of Tea** kun je kiezen uit meer dan vijftig soorten thee. Gelukkig kunnen de eigenaren Nathalie en Gilles je helpen bij het maken van een keuze. Geniet van je thee op het schaduwrijke terras. Maar vergeet niet even je hoofd om de hoek te steken, dan zie je dat de theesalon ook een knusse boek- en platenwinkel is.
1 rue caisserie, telefoon +33491908402, open ma-di & vr-zo 10.00-18.00, prijs pot thee € 4,50, metro 1 colbert, tram 2, 3 sadi carnot

(23) Je leest het goed: in Marseille vind je een Nederlands café. **Dutch Café** wordt gerund door moeder en zoon. Samen laten ze het Franse publiek kennismaken met Nederlandse lekkernijen, poffertjes bijvoorbeeld. Maar ook voor een lekkere kop koffie ben je hier aan het goede adres.
64 rue du refuge, telefoon +33491444086, dutch-cafe.fr, open ma & wo-do 8.00-18.00, vr-za 8.00-20.00, zo 10.00-16.00, prijs cappuccino € 3,50, poffertjes € 6, metro 1 colbert, tram 2, 3 sadi carnot

(27) Vegetariërs en veganisten opgelet! **Hododa** is een paradijsje vol groente en fruit. Doordeweeks kun je hier vanaf 8.00 uur 's ochtends terecht voor smakelijke ontbijtjes. Start je dag bijvoorbeeld met een kom huisgemaakte granola, vers fruit en een matcha latte, of strijk hier tussen de middag neer voor een vegan lunch.
15 rue de l'évêché, telefoon +33491310963, hododa.com, open dagelijks 8.00-15.30, prijs lunch € 14, tram 2, 3 sadi carnot, bus 49 place de lenche

(34) **La Caravelle** zit goed verstopt. Om bij deze cocktailbar te komen, ga je Hotel Bellevue in en neem je de marmeren trap naar boven. Daar kijk je je ogen uit; de schilderijen aan de muur, de houten lambrisering en de fluwelen banken nemen je mee terug in de tijd. Ga als er plek is op het balkonnetje zitten. Het uitzicht over de haven en de Notre-Dame de la Garde is daar grandioos. En wanneer de zon ondergaat en de jazzmuziek van binnen naar buiten sijpelt, kan je avond niet meer stuk.
34 quai du port, telefoon +33491903664, lacaravelle-marseille.com, open dagelijks 7.00-2.00, prijs € 26, cocktail € 13, metro 1 vieux port

(36) Restaurant **Le République** heeft behalve een goede menukaart ook een mooie missie. Van iedere betaalde rekening wordt namelijk een bedrag opzijgezet voor gerechten voor mensen die het moeilijk hebben. Het team van het restaurant bestaat grotendeels uit mensen die om wat voor reden dan ook buiten de maatschappij dreigden te vallen. Sinds 2023 is het geliefde restaurant uitgebreid met een *boulodrome* (voor een potje petanque) en een cocktailbar. Reserveren is noodzakelijk.
1 place sadi carnot, telefoon +33670029408, restaurantlerepublique.com, open di-do 12.00-16.00, vr-za 12.00-22.00, prijs € 22, driegangenlunch- of diner € 25, metro 1 vieux port, tram 2, 3 sadi carnot

22

10

12
DEEP
DEEP
POULPE

15
BISTROT L'HORLOGE

27

8
一番搾り

SHOPPEN

③ Fashionliefhebbers kunnen hun hart ophalen bij **Frap Store**. In deze hippe winkel vind je items van lokale, *upcoming* modeontwerpers. Bijvoorbeeld van Mermere, een ethisch sieradenmerk geïnspireerd door de zee. Of van La Fabrique Sauvage, een kledingmerk dat alleen werkt met gerecyclede stoffen.

10 rue beauvau, frapmarseille.com, open di-za 10.00-20.00, zo 14.00-20.00, metro 1 vieux port

④ Draag je graag unieke items? Neem dan een kijkje bij **Station Vintage** in de Rue Haxo. Hoewel de meeste vintagewinkels op en rondom de Cours Julien zitten, besloot Maïylis hier een winkeltje te openen met zorgvuldig geselecteerde kleding uit de jaren 80 en 90. Wie weet kom je naar buiten met dat ene juweeltje waar je al zo lang naar op zoek was.

16 rue haxo, insta @stationvintagemarseille, open di-vr 10.30-13.00 & 14.00-19.00, za 10.30-19.00, metro 1 vieux port

⑥ **Goudron** ('asfalt' in het Frans) zit niet op de plek die je zou verwachten na het horen van de naam. De kledingwinkel vind je namelijk niet in een oude garage of fabriek, maar op de begane grond van een prachtig oud pand in de Rue Montgrand. Goudron biedt een veelzijdige collectie met een urban randje, voornamelijk voor mannen. Of je nu op zoek bent naar excentrieke sneakers of hippe jeans; je verlaat de winkel gegarandeerd goedgekleed.
31 rue montgrand, goudronstore.com, open ma 14.00-19.00, di-za 10.00-19.00, metro 1 estrangin

⑦ In de vrolijke winkel **Aux Deux Comptoirs** van *Marseillaise* Laura en haar hondje Yoda vind je voor ieder wat wils. Hippe mannen- en vrouwenkleding, tassen en sokken bijvoorbeeld, maar ook kazen, wijnen en chocola. De winkel is namelijk niet alleen een kledingwinkel, maar ook een lokale kruidenier. Zowel de kleding als het eten komt zoveel mogelijk van lokale en biologische merken, om je het shoppen zo makkelijk mogelijk te maken. Want eindeloos de stad afstruinen, daar heeft Laura zelf een hekel aan.
50 rue grignan, auxdeuxcomptoirs.com, open di-vr 11.00-18.30, za 10.00-19.00, metro 1 estrangin

⑬ Van deze winkel krijg je een instant zomergevoel. Alles hier draait namelijk om de Middellandse Zee, van servies tot badkleding. De naam **Azul**, wat 'blauw' in het Spaans betekent en 'goedemorgen' in het Berbers, gaat voor deze winkel goed op. Azul nodigt je uit om te kijken naar de prachtige producten die geïnspireerd zijn op de blauwe zee en lucht van het mediterraanse landschap. Er zit vast iets voor je bij.
73 rue francis davso, azul-azul.com, open ma-za 10.00-19.00, metro 1 vieux port

㉖ Het reusachtige graffitikunstwerk van de artiest Nhobi dat prijkt op de gevel van **UndARTground** loop je niet zo makkelijk voorbij. Het is een van de vele streetartkunstwerken in de wijk, maar onderscheidt zich door het 3D-aspect; de tekening lijkt wel uit de muur te komen. In de winkel worden hippe streetartsouvenirs verkocht. De verkoop daarvan ondersteunt lokale artiesten.
21 rue des repenties, undartground.com, open ma & wo-za 11.00-19.00, zo 12.00-18.00, tram 2, 3 sadi carnot, bus 49 place de lenche

(28) **CURIOS** is echt een rariteitenkabinet. In deze winkel staat het bomvol grappige en merkwaardige voorwerpen. Opgezette vlinders, stoffige schilderijtjes en schedels van niet nader gespecificeerde dieren; zomaar wat dingen die je hier tegenkomt. Gezellig, dat misschien niet. Maar curieus is het zeker!
2 rue de l'évêché, curios-store.com, open di-zo 10.30-19.00, tram 2, 3 sadi carnot, bus 49 place de lenche

LEUK OM TE DOEN

(2) Lange tijd was **La Canebière** een chique straat. In de 18e eeuw lieten rijke families hier stadspaleizen bouwen en verrezen er luxe winkels. De naam komt van het Provençaalse woord *canebiera*, wat hennep betekent. In Marseille werd namelijk hennep verhandeld voor de productie van koorden en touwen. Hoewel La Canebière gezien werd als de Champs-Élysées van Marseille, is de straat nu een stuk volkser. Al herinneren de mooie panden ons nog aan de tijd van rijkdom.
la canebière, metro 1 vieux port

(14) De kleurrijke mediterraanse gevels, de fontein en de levendige terrassen geven het **Cours Honoré-d'Estienne-d'Orves** allure en karakter. Het plein heeft niet de makkelijkste naam, maar is wel een plaatje. Een gevel die opvalt tussen alle andere is die van het ibis-hotel. Dit gebouw was vroeger het kantoor van de havenmeester, de haven liep namelijk door over de lengte van het plein. Begin 20e eeuw werd dit deel van de haven gedempt en kwam het plein tot stand.
cours honoré-d'estienne-d'orves, metro 1 vieux port

(16) **Les Grandes Halles du Vieux Port** werden in 2022 geopend. Het immense project werd geleid door twee vrienden uit Marseille, die de hallen van 2000 m2 compleet opknapten. Je vindt er kleine zaken van lokale ondernemers, allemaal gespecialiseerd in de Mediterraanse keuken. Het is ook leuk een kijkje te nemen aan de overkant van het plein, daar bevindt zich **Le Marché des Grandes Halles**, met een traditionelere markt met groente, fruit, kaas en (exotische) delicatessen.
30 cours honoré-d'estienne-d'orves, lesgrandeshalles.com, open foodhal ma-wo & zo 9.00-0.00, do-za 9.00-2.00, markthal di-za 9.30-14.00 & 16.30-20.00, zo 9.30-14.00, entree gratis, metro 1 vieux port

7

3

26
MARSEILLE
UNDARTGROUND
LE PANIER

4

13

18
HUILERIES
MARSEILLE
J.B PAUL
MARSEILLE
SAVON
DE
MARSEILLE

14

(18) Een bekend product uit Marseille is zeep. De kleurrijke en geurige blokjes kent iedereen wel. In het **Musée du Savon** zie je hoe traditionele Marseillezeep gemaakt wordt. Belangrijk zijn de ingrediënten: 72% olijfolie, geen dierlijke vetten en geen kleur- en geurstoffen. Ook moet de zeep in de regio van Marseille gemaakt worden. Wil je échte Marseillezeep mee naar huis nemen? Koop dan een blokje zeep van Fer à Cheval, Marius Fabre of La Savonnerie du Midi bij Maison Empereur.
25 quai de rive neuve, savon-de-marseille-licorne.com, open wo-zo 10.00-18.00, entree + zeepje € 2,50, entree + mini-workshop € 5,50, metro 1 vieux port

(19) Met een vaartijd van minder dan 5 minuten is de oversteek met de **Ferry Boat** van de ene kant van de haven naar de andere kant niet de meest spectaculaire boottocht. Toch hoort deze oversteek bij Marseille. Het antieke houten pontje, Le César, vaart sinds 1967 tussen het Place aux Huiles en het gemeentehuis. Doordeweeks krijgt het sinds 2010 versterking van een nieuw, elektrisch bootje. Zorg overigens dat je cash bij je hebt, de overtocht kost 50 cent per persoon.
place aux huiles, rtm.fr/ferry-boat, open dagelijks 7.30-20.30, prijs enkeltje € 0,50, metro 1 vieux port

(25) Het museum **La Maison de la Boule,** dat tegelijkertijd ook een winkel is, draait om het populaire petanque (jeu de boules). Je leert er meer over de geschiedenis van deze gezellige volkssport en kunt op de boule-baan ook zelf een potje petanquen. Wist je dat in Marseille ieder jaar het wereldkampioenschap petanque plaatsvindt? 15.000 deelnemers gooien dan een balletje op in het Parc Borély.
4 place des 13 cantons, laboulebleue.fr, open wo-za 10.00-13.00 & 14.00-18.00, entree gratis, bus 49 la major

INDEX

HEB JE NOG TIPS?

Deze gids is zo zorgvuldig mogelijk samengesteld. Het aanbod van winkels en restaurants wisselt echter regelmatig en openingstijden en prijzen wijzigen soms. We houden de routes en adresgegevens zoveel mogelijk up-to-date. In de app vind je de meest actuele versie en de gedrukte gids proberen we zo vaak mogelijk te herzien. Mocht je toch een gesloten adres aantreffen of heb je andere opmerkingen of tips, laat het ons dan weten. Mailen kan naar **redactie@momedia.nl**. Meld je op **timetomomo.com** aan voor de **nieuwsbrief** en ontvang wekelijks de leukste reisinspiratie in je inbox.

DISCLAIMER

Geen van de adressen die we beschrijven heeft voor vermelding betaald, niet voor de tekst en niet voor de foto's. Alle teksten zijn geschreven door een onafhankelijke redactie. Dat geldt niet alleen voor de adressen in deze gids, maar ook voor de informatie in onze **Time to Momo-app** en alle nieuwste tips, themaroutes, wijkinformatie, blogs en de selectie van de leukste hotels op **timetomomo.com.**

COLOFON

LOCAL/REDACTIE
Roosje Nieman, Ine Moreels, Helen Albada, Marieke Buytenhuijs

FOTOGRAFIE
Vincent van den Hoogen, Dani van Oeffelen, Duncan de Fey

VORMGEVING
Studio 100%, Oranje Vormgevers

CARTOGRAFIE
Van Oort redactie en kartografie

LITHOGRAFIE
Marcel Beijnsberger

BEELDREDACTIE
Laurence Harms, Oranje Vormgevers

PROJECTLEIDING
Lotte Leeuwis

Time to Momo Parijs, Lille, Lyon, Marseille
isbn 978-94-9333-806-7
nur 510, 512

1e druk februari 2024

Deze gids is gedrukt op FSC-papier.

Gebruik nu GRATIS de app van deze gids

T.W.V. € 7,99

Zo heb je toegang tot de meest recente info!

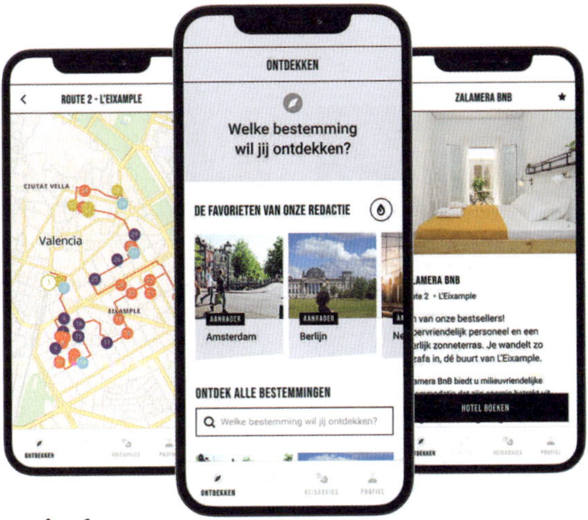

1. Scan deze **QR-code** met de camera van je telefoon
2. Klik op de link, kies de Frankrijk-app en voeg hem toe aan je winkelmand
3. Reken af met deze **code**

#frankrijkgids2024

LET OP: DEZE CODE IS GELDIG T/M 30 JUNI 2024.

4. **Download de app** en log in met je Time to Momo-account
5. Bekijk jouw routes onder '**Routes**' in het menu

GET IT ON Google Play

Download on the App Store

Waar gaat jouw volgende Time to Momo-trip naartoe?

Time to Momo is de bestverkochte stedengids van Nederland en België, met locals in meer dan 45 steden. Zij kennen 'hun' stad als geen ander en delen graag hun favoriete hotspots met je.

★ Alleen de allerleukste hotels
★ Op wijk gesorteerd
★ Door onze locals voor jou geselecteerd

Bekijk nog veel meer leuke hotels uit onze selectie via deze QR-code en ontdek de voordelen van boeken bij Time to Momo.

Lyon

Fourvière Hotel

Luxe hotel met verwarmd buitenzwembad, gelegen op de heuvel van Fourvière met geweldig uitzicht over het oude centrum van Lyon.

Marseille

New Hotel Le Quai

Houd je van een beetje bohemian vibes, dan ben je in dit hotel heel gelukkig. De ligging van dit hotel is bovendien perfect: vlak bij luxe winkels en veel leuke restaurants.